Rizzacasa d'Orsogna | Storia di Milo

Fremdsprachentexte | Italienisch

Costanza Rizzacasa d'Orsogna

Storia di Milo, il gatto che non sapeva saltare

Illustrationen von Giacomo Bagnara
Herausgegeben von Ulrike Zanatta

Reclam

RECLAMS UNIVERSAL-BIBLIOTHEK Nr. 14518
2024 Philipp Reclam jun. Verlag GmbH,
Siemensstraße 32, 71254 Ditzingen

Umschlagabbildung: © 2018 Giacomo Bagnara
Gestaltung: Cornelia Feyll, Friedrich Forssman
Druck und Bindung: Esser printSolutions GmbH,
Untere Sonnenstraße 5, 84030 Ergolding
Printed in Germany 2024
RECLAM, UNIVERSAL-BIBLIOTHEK und
RECLAMS UNIVERSAL-BIBLIOTHEK sind eingetragene Marken
der Philipp Reclam jun. GmbH & Co. KG, Stuttgart
ISBN 978-3-15-014518-0
www.reclam.de

Alla mia famiglia,
a due e più zampe

Prologo

Il parto, quella notte, fu terribile. Non li sentiva più da tante ore; sapeva, anche se figli non ne aveva mai avuti, che qualcosa non andava. Aveva trovato riparo in un'aiuola, dove un salumaio, mosso a compassione, le aveva portato dell'acqua e un po' di lardo, due fogli di giornale. «Presto, presto, mangia» le aveva detto.

"Presto, presto" si ripeté lei. "Devo far presto, altrimenti questi figli mi moriranno dentro."

Il dolore era fortissimo, e lei ricordò un'altra notte, di un paio di mesi prima, quando era stata attaccata da un gattone rossiccio. Aveva gridato, ma nessuno era arrivato in suo soccorso, nessuno l'aveva salvata. Ora, però, non doveva pensarci.

"Presto, presto" si disse. Gridò ancora, questa volta anche di speranza, ma i micetti vennero fuori tutti morti. Lei piangeva, non si capacitava che dopo tutto quel dolore, dopo che tanto aveva fatto per proteggerli, fossero morti tutti e quattro. Piangeva e li lecca-

2 **fu** (pass. rem.): *essere.* | **terrịbile** (agg.): furchtbar, fürchterlich. | 5 **l'aiuola:** Beet. | **il/la salumaio/a:** Wurstwarenhändler(in). | 5 f. **la compassione:** Mitleid. | 6 **il lardo:** Speck. | 13 **rossiccio/a:** rötlich. | 16 **disse** (pass. rem.): *dire.* | 17 **il/la micetto/a** (dim.; fam.): Kätzchen (*il/la micio/a:* Mieze[katze]). | 18 **capacitarsi:** etwas fassen können.

va; li puliva, e pulendoli piangeva. Ma da quei corpicini non arrivava un suono.

Finché … Finché non le sembrò di udire qualcosa. L'ultimo, tutto nero e più piccolo degli altri, sembrava essersi mosso. Non era un'illusione. Si era mosso davvero. Prese a leccarlo freneticamente.

"Presto, presto. Fa' che io possa salvare almeno un figlio, che non sia stato tutto vano."

Qualcuno, da qualche parte, dovette ascoltarla. Il gattino iniziò a miagolare flebilmente e poi sempre più forte, strisciando verso di lei, arrampicandosi per cercarne le mammelle.

«Figlio» disse lei semplicemente, quasi svenuta dalla stanchezza e dal dolore. Ma felice.

*

Il mattino dopo, mani caritatevoli le tolsero d'accanto i tre corpicini morti. L'accarezzarono, le diedero

1f. **il corpicino** (dim. von *il corpo*): kleiner Körper. | 3 **udire:** hören. | 6 **prese** (pass. rem.): *prendere.* | **freneticamente** (avv.): hektisch. | 8 **vano:** umsonst. | 10 **miagolare:** miauen. | **flebilmente** (avv.): kläglich, weinerlich. | 11 **strisciare:** kriechen. | **arrampicarsi:** klettern. | 12 **la mammella:** Zitze. | 15 **caritatẹvole** (agg.): wohltätig. | **tọlsero** (pass. rem.): *tọgliere.* | 16 **accarezzare:** streicheln. | **diedero** (pass. rem.): *dare.*

dell'acqua, del prosciutto. Chissà, si chiese il salumaio, com'era capitata quella gatta randagia in un quartiere così snob di Milano, dove pure le tartarughe avevano il pedigree. Che fosse stata abbandonata? Poi guardò perplesso quel micetto che non le si staccava mai dal grembo, che succhiava e dormiva, dormiva e succhiava. «Nero come pece» disse, scrollando la testa. Al suo paese i gatti neri non portavano bene, anche se di fronte a quella scena un po' s'impietosì. Per lei invece quel figlio era bellissimo. La tenerezza del musino che cercava sempre lei, le unghiette delicate come fili d'erba.

«Presto, presto» disse con un sospiro. «Devi far presto a crescere, figliolo. Io non vivrò ancora tanto a lungo.»

Arrivò maggio, e a dispetto d'esser nato tanto piccolo il micetto cresceva. Aveva aperto gli occhi, faceva qualche passo nella terra, perlopiù vi nuotava. Ma la

1 **si chiese** (pass. rem.): *chiẹdersi.* | 2 **capitare:** kommen, (hinein/hin)geraten. | **randagio/a:** streunend. | 3 **la tartaruga:** Schildkröte. | 4 **il pedigrẹe:** Stammbaum. | 5 f. **staccare:** (ab)lösen, abtrennen. | 6 **il grembo:** Schoß, Mutterleib. | **succhiare:** saugen. | 7 **nero come (la) pece:** pechschwarz. | **scrollare:** schütteln. | 8 **portare bene:** Glück bringen. | 9 **impietosirsi:** Mitleid haben. | 11 **il musino** (dim. von *il muso*): Schnäuzchen. | **l'unghietta** (dim. von *l'unghia*): kleiner Nagel; hier: Kralle. | 12 **il filo d'erba:** Grashalm. | 16 **a dispetto di:** trotz, obwohl. | 18 **perlopiù** (avv.): meistens.

gatta era stremata. Non tratteneva il cibo, non riusciva a bere. Una notte, sentendo la morte ormai vicina e non volendo lasciare al suo piccino il ricordo della madre senza vita, mentre lui dormiva se ne andò, come fanno gli animali quando la morte arriva, per non darci un dolore.

«Addio, piccolo mio» gli sussurrò piangendo, leccandolo e annusandolo per l'ultima volta, per portare quell'odore con sé fino alla fine. «Mi spiace d'averti dato così poco.»

1 **stremato/a:** erschöpft. | **trattenere il cibo:** Essen bei sich behalten. | 3 **il/la piccino/a:** hier: Baby. | 7 **sussurrare:** flüstern. | 8 **annusare:** (an)schnüffeln.

1

Cosa vuol dire nero?

Quella mattina si svegliò infreddolito, capì subito che qualcosa era diverso. Aveva fame. FAMEEE! Annusò l'aria. Brrrr, che freddo.

«Mamma, dove sei? Mamma, mamma» chiamò. Ma lei non venne. Strano, pensò. Anche se la mamma di notte andava a caccia, al suo risveglio era sempre lì. «Buongiorno, piccino mio» diceva. «Cosa combinerai oggi?» E ridevano entrambi. La chiamò ancora, e ancora niente. Della mamma neanche l'ombra. Allora, titubante, si sporse dall'aiuola, si sporse un po' di più ... e cadde sul selciato faccia a terra. Ohi, che botta!

"Ecco, adesso arriva" si disse. Era sicuro che la mamma sarebbe corsa lì a rimproverarlo, come faceva quando lui, con l'irruenza dei piccini, correva e ruzzolava. «Basta!» gridava lei, tra il divertito e il preoccupato per quel figlio ancora così maldestro, che in-

3 **infreddolito/a:** frierend. | 7 **venne** (pass. rem.): *venire.* | 8 **il risveglio:** Erwachen, Aufwachen. | 12 **titubante** (agg.): zögerlich. | **si sporse** (pass. rem.): *spọrgersi.* | 13 **cadde** (pass. rem.): *cadere.* | **il selciato:** (Straßen-)Pflaster. | **Ohi!** (inter.): Aua! | 14 **la botta:** Schlag, Stoß. | 17 **l'irruenza:** Ungestüm. | 17 f. **ruzzolare:** purzeln. | 19 **maldestro/a:** ungeschickt. | 19 f. **inciampare:** stolpern.

ciampava e cadeva, spesso anche da fermo. Ma stavolta la mamma non venne. Arrivò solo, dopo qualche tempo, il salumaio, seguito dalla nipotina.

«Guarda, nonno. È tutto solo. Possiamo prenderlo con noi?» Il nonno guardò con compassione quel micino che cadeva nella terra, si raddrizzava e ricadeva. Poi s'indurì in volto. «Non possiamo fare nulla per lui. Morirà presto. È la sorte di tutti i gatti neri.»

«Nero? Cosa vuol dire nero?» protestò il gattino mentre il salumaio, srotolato l'incarto coi pezzetti di prosciutto che aveva conservato per la gatta, se ne andava. «Cosa vuol dire?» ripeté sconsolato. «Io sono come voi. Ho solo la pelliccetta scura.»

Gli animali capiscono quello che noi diciamo, siamo noi, invece, che spesso non capiamo loro, o non vogliamo.

«Sfigaaato, sfigaaato» gridò un piccione lì vicino. «Non lo sai? I gatti neri portano sfiga. SFIGAAA.»

Il gattino s'interrogò su quella parola degli umani che la mamma non aveva fatto in tempo a insegnargli. Ci pensò tanto che dimenticò d'avere fame. Quando se ne ricordò, erano ormai passate molte

6 **raddrizzarsi:** sich aufrichten. | 7 **indurirsi:** sich verhärten. | 10 **srotolare qc:** etwas ent-/aufrollen. | **l'incarto:** Verpackung, Papier. | 12 **sconsolato/a:** betrübt, traurig. | 13 **la pelliccetta** (dim. von *la pelliccia*): Pelzjäckchen. | 17 **lo/la sfigato/a:** Unglücksrabe, Verlierer(in). | 18 **la sfiga:** Pech.

ore. Si avvicinò con fare incerto al prosciutto lasciato dal salumaio, da cui proveniva un profumino sconosciuto e appetitoso, ma … orrore!, era pieno di vermi, lunghi e bianchi. Voleva piangere, s'impose d'esser coraggioso – dopotutto, come la mamma gli diceva sempre, era l'ometto di casa. Stanco, spaventato, decise di mettersi a dormire. Forse la mamma era andata a prendere il latte, si disse: l'avrebbe trovata al suo risveglio. Sì, sì. Doveva essere così.

Sobbalzò all'improvviso, per un tuono. «Una bufeeeera, una bufeeeera» gridò il piccione, mettendosi in salvo. «Una bufeeeera a Brera.» Il gattino non sapeva cosa fosse una bufeeeera e neanche una bufera, da che era nato non ce n'erano state. Ma era di certo una cosa bruttissima, perché in giro non c'era più nessuno e il cielo si era fatto nero nero – quasi come lui. Altre volte era venuta la pioggia, e la mamma aveva detto di farsi piccolino, che lei l'avrebbe protetto.

Ma ora la mamma non c'era, e il gattino piangeva. Faceva freddo, gli arbusti soffiavano; la terra, nell'aiuola, era diventata fango. Il gattino era tutto bagna-

1 **con fare incerto:** unsicher. | 4 **s'impose:** pass. rem. von *imporsi (imposto)*: sich auferlegen. | 6 **l'ometto** (dim. von *l'uomo*): kleiner Mann. | 7 **decise** (pass. rem.): *decidere*. | 10 **sobbalzare:** zusammenzucken. | 10 f. **la bufera:** Sturm. | 12 **Brera:** Stadtviertel in Mailand. | 20 **l'arbusto:** Strauch, Busch. | **soffiare:** hier: fauchen. | 21 **il fango:** Schlamm.

to, le foglie non bastavano a coprirlo ed erano zuppe pure loro.

Capì che aveva bisogno d'aiuto. E ripensò a qualcosa che lei gli aveva detto. Che gli uomini si uccidono fra loro e uccidono gli animali, ma una solidarietà ancestrale fra le specie viventi fa sì che a volte («Solo a volte, figlio mio, sta' attento!») si aiutino a vicenda. Si fece forza, pensò che non aveva altra scelta.

«Aiuto, aiuto!» gridò con tutto il fiato dei suoi piccoli polmoni. «Miao, miao!» E gridò ancora, e ancora. Ma non arrivò nessuno.

All'improvviso, quando ormai non ce la faceva più, sentì un passo veloce. "Se resto qui affogo o mi congelo" pensò battendo i denti per il freddo. Prese una decisione, la pronunciò ad alta voce per convincersene: «Adesso io corro fuori. Speriamo che non mi calpestino ...»

Poi si mise in posizione, si diede lo slancio e si catapultò fuori dall'aiuola, rotolando quasi sopra le scarpe di un ragazzo che passava di lì.

1 **zuppo/a:** durchnässt. | 5 f. **una solidarietà ancestrale:** eine althergebrachte Solidarität. | 8 **a vicenda:** gegenseitig. | **fece** (pass. rem.): *fare*. | 14 f. **congelarsi:** erfrieren. | 17 f. **calpestare qc:** etwas zertrampeln. | 19 **mise** (pass. rem.): *mettere*. | **diede** (pass. rem.): *dare*. | **lo slancio:** Schwung. | 19 f. **catapultarsi:** sich schleudern. | 20 **rotolare:** (fort)rollen, (fort)wälzen.

«Aiuto, aiuto!» gridò il gattino disperato. Per il freddo, per l'acqua e la paura.

«E tu che ci fai qui?» chiese il ragazzo. Si chinò e lo prese in braccio: era talmente zuppo … D'istinto, lo infilò dentro la tasca interna del giubbotto.

"Ah, che calduccio, che tepore" pensò il gattino stremato. "Finalmente."

«E ora troviamo la tua mamma.»

La cercò dappertutto, quel ragazzo, per un'ora, incurante del vento e del diluvio. Ma della gatta non c'era alcuna traccia. Ormai era buio, non si vedeva nulla. Non restava altro da fare: l'avrebbe portato con sé.

"Ah, come si sta bene in questa tasca" pensò il gattino, mentre riprendeva vita. "Avvolto, protetto, quasi come …" Sbadigliò, era tanto stanco. "Quasi come nell'abbraccio della mamma." E poi sfinito s'addormentò.

3 **chinarsi:** sich bücken. | 5 **infilare qc in qc:** etwas in etwas stecken. | **il giubbotto:** Jacke. | 6 **il calduccio** (dim. von *il caldo*): mollige Wärme. | **il tepore:** angenehme Wärme. | 9 f. **incurante di qc** (agg.): einer Sache ungeachtet. | 16 **sbadigliare:** gähnen. | 17 **sfinito/a:** erschöpft.

2
Ti chiamerò Milo

Si risvegliò e sembrava un incubo. Due mostri, un gatto striato gigantesco e uno più piccolo, bianco, lo guardavano soffiando, al di là di una grata. E lui era proprio in trappola, rinchiuso in una gabbia dove non c'era nulla dietro cui nascondersi, solo un calzino arrotolato e dei giornali.

«Aiuto, aiuto, mamma!» gridò, mentre il gatto più grosso cercava di aprire il cancelletto che li separava. In realtà Ciccio, così si chiamava, era buonissimo, solo incuriosito – un pezzo di pane, anche un po' tonto.

Ma il micino tremava, e per la prima volta ebbe una crisi. I denti che sbattevano, il corpicino scosso dagli spasmi, perfino i due gatti si erano spaventati. Per fortuna durò pochi secondi.

«Che mi succede? Che mi succede?» pianse il gattino. «Mamma, mamma!» Sperò che fosse un incubo,

4 **striato/a:** gestreift. | 5 **la grata:** Gitter. | 6 **rinchiuso/a:** eingeschlossen. | 7 **nascọndersi** (*nascosto*): sich verstecken. | **il calzino:** Socke. | 7 f. **arrotolato/a:** zusammengerollt. | 10 **il cancelletto** (dim. von *il cancello*): kleine Gittertür. | 11 **il/la ciccio/a** (fam.): Kosename, der gern für Kinder oder Tiere verwendet wird. | 12 **incuriosito/a:** neugierig. | **essere un pezzo di pane** (loc.): etwa: er/sie war ganz sanft. | **tonto/a:** dumm. | 13 **il micino** (dim. von *il micio*): Kätzchen. | 15 **lo spasmo:** Krampf. | 17 **pianse** (pass. rem.): *piạngere*.

che presto avrebbe aperto gli occhi e si sarebbe ritrovato nell'aiuola. Meglio i vermi e un piccione screanzato per vicino che quella prigione con i mostri. Non sapeva che intanto, in una città molto lontana e molto grande, si stava compiendo il suo destino.

*

Drin drin. Niente. *Drin drin.* Al quinto drin, la sorella rispose.

«Ciao, come stai? Devo dirti una cosa. Tornando a

2 f. **screanzato/a:** flegelhaft, ungezogen. | 6 **il drin** (onom.; invar.): Klingel(n), Geräusch einer Klingel. | 7 **rispose** (pass. rem.): *rispọndere*.

casa, questa sera, ho trovato un gattino. Avrà tre settimane. Forse un mese. Adesso lo porto da Giovanna, la mia veterinaria, ma … è tutto nero, buffo, mi ha ricordato Pietro. Lo vorresti?»

«Pietro?» ripeté lei, pensando alla babycornacchia che aveva perduto. Caduta dal nido alcune settimane prima senza ancora saper volare, e rimasta bloccata nel cortile dello stabile dove lei abitava. Era stata lei a trovare Pietro, che il signor Luigi, il portinaio, le aveva detto essere invece un vecchio uccello venuto a morire – perché i vecchi, umani e animali, sono simili ai piccini, e forse Luigi, vicino all'ottantina, vi si era rispecchiato.

Ma lei gli si era affezionata subito, e aveva riversato sull'uccellino malandato tutto l'amore che non sapeva di avere. Gli aveva fatto un nido su una pianta, comprato del tritato. Miracolosamente, lui si era ripreso. La ragazza ormai aveva capito che non era affatto vecchio, ma anzi piccolino, e sperò che i genitori lo trovassero. Invece niente. Come avrebbero potuto

3 **buffo/a:** drollig, komisch. | 5 **ripeté** (pass. rem.): *ripẹtere.* | **la cornacchia:** Krähe. | 8 **lo stạbile:** Gebäude. | 14 **affezionarsi a qu/qc:** jdn./etwas ins Herz schließen. | **riversare:** (aus)gießen, schütten. | 15 **malandato/a:** heruntergekommen. | 17 **il tritato:** Hackfleisch. | **miracolosamente** (avv.): wunderbarerweise, wie durch ein Wunder. | 17f. **riprẹndersi** (*ripreso*): sich erholen.

individuarlo laggiù, in quella piccola chiostrina? D'altronde, di portarlo sul terrazzo non se ne parlava. Non sapendo volare, Pietro sarebbe stato una preda troppo facile per i gabbiani della zona.

Così la ragazza lo accudì per tre giorni, e lui in quel breve tempo le si attaccò talmente che la sera saliva tutti gli scalini fino al primo piano, per andare a trovarla sulla porta di casa. Lei già si vedeva trasferita in campagna insieme a Pietro: un sogno – quello di vivere in mezzo agli animali – che aveva da bambina.

Finché non arrivarono i vicini.

«Che schifo, fa la cacca dappertutto» disse uno. E quella perfida del piano di sopra: «Se non lo porti via gli diamo una bastonata». E il marito, con quel suo fare borioso e minaccioso: «Ma no, gli mettiamo il veleno ...» La ragazza capì di non poter tenere la cornacchia con sé. Nel cortile non era al sicuro, in casa non avrebbe avuto spazio per imparare a volare. Gli animali sono tutti uguali, vanno amati e rispettati allo stesso modo, ma non tutti possono stare con noi.

1 **individuare qu:** jdn. lokalisieren/finden. | **la chiostrina:** (dim.): kleines Gehege (*la chiostra:* Gehege, Rund). | 3 **la preda:** Beute. | 4 **il gabbiano:** Möwe. | 5 **accudire qu:** jdn. pflegen. | 13 **pẹrfido/a:** gemein, fies. | 14 **una bastonata:** eine Tracht Prügel. | 15 **borioso/a:** aufgeblasen, arrogant.

Angosciata, prese Pietro tra le mani, il cuoricino che gli batteva forte, e lo infilò dentro una scatola coi buchi. Lo portò a Villa Borghese, dove c'era un'oasi della Lipu che si occupava di recupero volatili.

«Ciao, Pietro» gli aveva detto piangendo. «Fai una bella vita.»

Il giorno dopo, sentendo gracchiare sulle scale, sperò che Pietro avesse trovato la strada, che fosse tornato da lei.

«Se sei tornato non ti lascio più!» esclamò correndo verso la terrazza. Ma non era Pietro la cornacchia che trovò. Era una cornacchia più grande, che si era spinta giù per i gradini mentre altre due stavano fuori ad aspettare. Era la famiglia di Pietro, mamma, papà e fratello maggiore, che avevano capito dove fosse quando ormai era troppo tardi. La guardarono perplessi, stettero un po', poi volarono via. La ragazza si sentì morire. Il dolore per la perdita di Pietro si sommò nel suo cuore a quello di averlo separato per sempre dai suoi genitori. Di averlo reso orfano.

Perché l'amore fa fare cose eccezionali, come il

1 **angosciato/a:** verzweifelt, angsterfüllt. | **il cuoricino** (dim. von *il cuore*): kleines Herz. | 4 **Lipu** (acron.): *Lega italiana protezione uccelli*: italienischer Vogelschutzbund. | **il recụpero volạtili:** Vogelrettung. | 7 **gracchiare:** krächzen. | 17 **stettero** (pass. rem.): *stare*. | 20 **l'ọrfano/a:** Waise.

papà di Pietro che per cercarlo si era infilato in un palazzo scendendo due piani di scale, ma quante volte per troppo amore finiamo per fare del male.

«Ehi, ci sei ancora?» stava dicendo suo fratello nel telefono.

Lei si riscosse. «Sì, eccomi, scusa.»

«Se Giovanna dice che sta bene, lo vorresti? Potresti prendertene cura?»

Lei era un po' titubante, ma quando poi lo vide in foto, piccolissimo nel trasportino di uno dei gatti del fratello, più piccolo di quel calzino verde ripiegato tre volte che lui gli aveva dato per conforto, qualcosa dentro di lei si mosse. Pensò ch'era stato proprio Pietro a mandarle quel gattino. Capì che era già suo.

«Allora te lo porto?» chiese lui un paio d'ore più tardi.

«Sì» rispose lei, semplicemente.

Decise che l'avrebbe chiamato Milo, come il figlio più piccolo del film che amava tanto, che sembrava più fragile ma era in realtà il più forte. Milo, come il figlio che per tante ragioni non aveva avuto.

1 **infilarsi in qc:** in etwas eindringen, schlüpfen. | 4 **Ehi!** (inter.): he, hallo, oh. | 6 **si riscosse:** pass. rem. von *riscuọtersi (riscosso):* sich aufraffen. | 9 **vide** (pass. rem.): *vedere.* | 10 **il trasportino:** Transportbox. | 11 **ripiegare:** zusammenlegen, wieder zusammenfalten. | 13 **si mosse** (pass. rem.): *muoversi.*

Fu così che il piccolo Milo si apprestò a iniziare una nuova vita. In una città molto diversa da Milano, una città difficile e chiassosa, e però bellissima. La città di Roma.

Furono giorni d'attesa, e di trepidazione. Mentre il micetto prendeva confidenza con l'ambiente di passaggio e quasi si affezionava al gatto striato (a quello bianco, che era in realtà una gatta e si chiamava Coco, no, decise che era antipatica e cattiva e si soffiavano a vicenda), la ragazza cercò un veterinario, comprò una cuccia e dei giochini, fece una grande spesa della linea di pet food consigliata.

"Ma puoi mica dare a un gatto una marca che ha un nome da cane?" si disse ridendo. "Io la chiamerò Royal Gattin."

Era così felice dell'arrivo del gattino che lo annunciò a tutti, postando anche su Facebook le foto che il fratello le mandava.

«Non è bellissimo?» chiedeva. E si rispondeva da sola.

Finché un giorno un amico, che da studente fuori sede in una città del Sud aveva avuto pure lui un gat-

1 **apprestarsi a fare qc:** sich anschicken etwas zu tun. | 3 **chiassoso/a:** laut, lärmend. | 5 **furono** (pass. rem.): *essere*. | **la trepidazione:** Bangen, Vorfreude. | 11 **la cuccia:** (Hunde-)Hütte. | 15 **Royal Gattin:** Anspielung auf die Tierfuttermarke Royal Canin™.

tino nero, le raccontò di quando, per superstizione, qualcuno s'era introdotto in casa sua e gli aveva dato fuoco. Lei, che alla superstizione verso i gatti neri non aveva mai pensato, credendola da tempo debellata, non ci dormì per molte notti.

"Com'è possibile tanta malvagità, tanta ignoranza" si chiese. I gatti neri portano fortuna. Anzi, come le aveva raccontato la sua amica Astrid, nel Nord Europa, dove la loro nascita annuncia un buon raccolto, sono un segno di prosperità.

«Il gatto nero è un simbolo delle forze del bene» disse. «Solo una cultura arretrata può credere che porti sfortuna.»

Poi immaginò che la megera del piano di sopra, quella che le faceva ogni sorta di dispetti, se la prendesse col gattino. "Crudelia De Mon" la chiamavano i condomini – e a ragione. Fu tentata di richiamare suo fratello. "Guarda, no. Non sarei in grado di proteggerlo." Ma non lo fece, e decise che sarebbe andato tutto per il meglio.

2 f. **dare fuoco a qc:** etwas anzünden. | 4 f. **debellare qc:** etwas ausrotten, bezwingen. | 6 **la malvagità** (invar.): Bosheit, Niedertracht. | 10 **la prosperità** (invar.): Wohlstand. | 12 **arretrato/a:** rückständig, zurückgeblieben. | 14 **la megera:** Megäre (Rachegöttin der griech. Mythologie). | 15 **fare i dispetti a qu:** jdn. ärgern. | 16 **Crudelia de Mon:** Cruella de Vil aus 101 Dalmatiner. | 17 **il/la condọmino/a:** Hausbewohner(in).

«Volevo un gatto nero, nero, nero» si mise a canticchiare.

Quella prima notte insieme accadde qualcosa d'incredibile. La ragazza portò il gattino a dormire con sé, lui le si arrampicò sul petto e iniziò a succhiarle il collo. Non erano baci, le si attaccava al collo come fosse il seno della mamma, e faceva le fusa. Lei non aveva mai sperimentato qualcosa di più bello.

«Figlio» disse semplicemente. Si guardarono. Era sempre stato suo.

*

Passarono i giorni. La ragazza era felice di quel micetto piccolissimo e pauroso che s'arrampicava sul lettone con le unghiette, soffiava e ringhiava contro creature immaginarie, contro l'olio di pesce che gli dava con il cucchiaino per irrobustire la pelliccia spelacchiata. E poi inciampava correndo, e arrivava dappertutto ruzzolando. Ruzzolava un po' troppo, a dir la verità, ma lei pensò che era ancora molto piccolo, che a saltare i gatti imparano, come gli umani l'abc. A volte, scherzando, gli diceva: «A settembre ti mando all'asilo!»

1f. **canticchiare:** vor sich hin singen, summen. | 3 **accadde** (pass. rem.): *accadere.* | 7 **fare le fusa:** schnurren. | 13 **ringhiare:** knurren. | 14 **l'olio di pesce:** Fischöl. | 15 **irrobustire qc:** etwas kräftigen. | **spelacchiare:** (aus)rupfen, kahl rupfen.

Aveva anche, quel micetto, un bel caratterino. Di notte, se lei smetteva di accarezzarlo si arrabbiava, anche nel sonno. «Grrrr, grrrr.» Una pantera in miniatura. E lei ricominciava.

Ma era con le moine, soprattutto, che le faceva fare tutto ciò che lui voleva. E lei capiva, ma lo accontentava di buon grado. «Sei proprio un paramicio» gli diceva ridendo.

Finché non venne il giorno del vaccino.

Milo si lanciò dal tavolo da visita, i peli dritti come i gatti dei fumetti, corse a nascondersi sotto una cassettiera. «Uhrrrr. Uhrrrr.» Urlava, non ringhiava, e quando finalmente riuscirono a prenderlo ebbe le convulsioni.

«Dove ha trovato questo gatto?» chiese il veterinario mentre la ragazza cercava di calmarlo, stringendolo a sé. «Fa sempre così?» E quando lei provò a spiegare scosse subito il capo. «Non sono un esperto, ma ha senza dubbio un disturbo neurologico. Vede come fa con la testa, vede?» Disse che gattini così solitamente

3 **la pantera:** Panther. | 5 **le moine** (pl.): Geschmuse. | 7 **il paramicio** (neolog.): Wortzusammensetzung aus *paramedico* + *micio*: etwa: feliner medizinischer Assistent (*il/la paramedico/a:* medizinische[r] Assistent[in]). | 11 **corse** (pass. rem.): *cọrrere.* | 11f. **la cassettiera:** Kommode. | 14 **la convulsione:** Krampf. | 18 **scosse** (pass. rem.): *scuọtere.* | **il capo:** hier: der Kopf. | 19 **il disturbo neurolọgico:** neurologische Störung.

venivano soppressi. «È incredibile che sia sopravvissuto.» Le chiese se fosse sicura di volerlo tenere.

«Soppressi? Come soppressi? *Io* soppresso???»

Ssst. Zitto, Milo. La ragazza, che già quasi piangeva, divenne una tigre. Certo che l'avrebbe tenuto, replicò. Se hai un bimbo disabile lo butti forse nel cestino?

Chissà cosa voleva dire quella parola che non aveva

1 **sopprịmere** (*soppresso*): einschläfern. | 5 **divenne** (pass. rem.): *divenire.* | **l'avrebbe tenuto:** hier: sie würde ihn behalten | 5 f. **replicare:** antworten.

mai sentito, pensò intanto il gattino. Disabile, di-sa-bi-le. Erano queste le parole che lo definivano, disabile e nero? Gli sembrò come una condanna. “Perché parlano tutti di me come fossi diverso?” pianse dentro di sé. “Io non mi sento diverso.” Pensò alla mamma che gli diceva sempre quant’era speciale, alla ragazza che non finiva di ripetergli: «Come sei bello. Sei bellissimo!»

Sperò che disabile volesse dire proprio quello: bellissimo e speciale.

Il veterinario e la ragazza, intanto, continuavano a discutere. L’avrebbe tenuto eccome, disse lei con irritazione, e avrebbe fatto il necessario per farlo guarire, o almeno migliorare. Per prima cosa avrebbe trovato un veterinario serio. Un vero neurologo dei gatti, non quel medicastro che consigliava di sopprimere gattini. E sbattendo la porta se ne andò.

12 **eccọme:** und ob, und wie. | 16 **medicastro/a** (spreg.): etwa: Kurpfuscher(in), miese(r) Arzt/Ärztin.

3
Sottosviluppato a chi?

Il verdetto fu veloce ma impietoso. «Ipoplasia cerebellare.»

«IPO CHE??» replicò Milo.

Il medico spiegò, pazientemente. «Una condizione neurologica, non progressiva e non contagiosa, per cui il cervelletto, che controlla la coordinazione motoria, alla nascita risulta sottosviluppato.»

«Come sottosviluppato?» protestò il gattino. «Io sono intelligentissimo! Diglielo, diglielo» fece alla ragazza. «Quale altro gatto, per arrivare al cibo che mangiando spinge dal lato opposto del piattino, entra dentro il piatto invece di girarci intorno? La strada più breve per il cibo, l'hai detto anche tu. Altro che sottosviluppato, sono un genio.»

Aspetta, Milo.

Il veterinario continuò. «L'ipoplasia, però, non è una malattia, né è causa al gatto di dolore: è solo assenza di coordinazione. Problemi a correre e a saltare,

2 **sottosviluppato/a:** unterentwickelt. | 3 **il verdetto:** Urteil. | **impietoso/a:** erbarmungslos. | 3f. **l'ipoplasịa cerebellare:** Kleinhirnhypoplasie. | 7 **progressivo/a:** hier: fortschreitend. | 8 **il cervelleto** (dim. von *il cervello*): Kleinhirn. | 8f. **la coordinazione motoria:** Bewegungskoordinierung. | 16 **il genio:** Genie.

traballamento e dondolìo della testa, qualche difetto di vista. Certo, queste creature hanno bisogno di attenzioni. Cadono, sbattono, si rompono: da soli, in strada, non sopravvivrebbero. Ma vivendo in casa non sanno d'esser diversi da altri mici. E hanno la stessa intraprendenza di qualsiasi felino. Anzi, spesso bisogna frenarli.»

«Una pantera, diglielo! Sono una pantera. GRRRR.»

«Molti credono, sbagliando, che i gatti affetti da questa condizione ne soffrano» proseguì il neurologo, che si chiamava Matteo ed era molto simpatico – "Mica come quell'altro" pensò Milo. "Mi ha dato anche le crocchette." «Ma non è così. Se i sintomi non sono del tutto invalidanti, se il gatto mangia e fa i bisogni da solo, non c'è alcuna ragione di sopprimerlo: può avere una vita ricca e lunga. E poi vedrà, i gatti sono creature tenaci e piene d'immaginazione. Non è raro che un gattino incapace di saltare s'industri e

1 **il traballamento:** Taumeln, Wackeln. | **il dondolịo:** Geschaukel, Schaukeln. | 3 **sbattere:** hier: schlagen, (an)stoßen. | 6 **l'intraprendenza:** Unternehmungslust. | **il felino:** Katze. | 10 **affetto/a (da qc):** (an etwas) leidend. | 14 **le crocchette:** hier: Bröckchen vom Katzenfutter. | 15 **invalidante** (agg.): Invalidität verursachend. | 15 f. **fare i bisogni:** sein Geschäft verrichten. | 18 **tenace** (agg.): zäh, hartnäckig. | 19 **incapace** (agg.): unfähig. | **industriarsi:** sich bemühen.

trovi un espediente. Abbia fiducia, il suo è un gatto speciale.»

Quella parola. «Speciale, speciale! Hai sentito? Sono speciale!» gridò il gattino alla ragazza.

«Sì, sì» disse la ragazza accarezzandolo commossa, anche lei rincuorata. Poi ci pensò. «Forse posso insegnargli io a saltare. Forse, questo mio gattino può diventare un supereroe.»

«Ah ah ah» la canzonò Milo. «Con quella tua erre sembra tu dica che sono un "supererrore".»

Lei doveva aver pensato la stessa cosa nello stesso momento, perché scoppiò a ridere.

Il medico aveva ragione, si disse. Era così vivace, così determinato quel gattino con le sue smorfie da bimbo capriccioso, con quel suo modo di piazzare le zampette davanti dritte dritte, sempre spalancate come a reclamar qualcosa. E poi era tutto nero. Più piccolo di un gatto della sua età e nero come il carbone, con gli occhi che si avviavano a diventare giallissimi

1 **l'espediente** (m.): Hilfsmittel. | 6 **rincuorare qu:** jdn. ermutigen. | 8 **il sup̣ereroe:** Superheld. | 9 **canzonare qu:** jdn. necken. | 12 **scoppiare a ridere:** in Lachen ausbrechen. | 14 **determinato/a:** hier: entschlossen. | **la smorfia:** Grimasse. | 15 **capriccioso/a:** launisch, extravagant. | **piazzare qc:** etwas platzieren/aufstellen. | 16 **la zampetta** (dim. von *la zampa*): Pfötchen. | **spalancato/a:** weit geöffnet (*spalancare:* weit öffnen). | 17 **reclamare qc:** etwas beanspruchen. | 19 **avviarsi a fare qc:** hier: etwas zu tun beginnen.

per via di un pigmento della melanina. Sembrava un ragnetto, o uno scarabocchio. Sembrava un fumetto. Un giorno, una delle tante volte che il gattino per impiastritudine s'era squarciato un polpastrello, per evitare che scorrazzando per casa la ferita si riaprisse lo mise dentro il cesto della biancheria. Anche il cesto, come Milo, era nerissimo, e quando lei spense la luce per farlo addormentare i suoi occhi gialli brillavano nel buio, arrabbiatissimi. Com'era buffo, così piccolo e così arrabbiato. «Cattivik, ecco a chi assomigli!» esclamò. E se ne andò canticchiando: «*Se il gatto di casa è tutto nero / Alla ragazza non mancherà l'amore vero …*»

Ma come si fa a insegnare a un gattino a saltare? A saltare in avanti, a non buttarsi a capofitto all'ingiù?

Prima di tutto bisognava evitare che, lanciandosi dal letto, si rompesse qualcosa. Così, la ragazza andò dal falegname e ordinò una scaletta. La fece rivestire

1 **il pigmento:** Pigment. | **la melanina:** Melanin (brauner/schwarzer Farbstoff des Körpers). | 2 **il ragnetto** (dim. von *il ragno*): kleine Spinne. | **lo scarabocchio:** Klecks. | 3 f. **l'impiastritudine** (f.; neolog.): etwa: Ungeschicklichkeit. | 4 **squarciare:** aufreißen. | **il polpastrello:** Fingerkuppe. | 5 **scorrazzare:** herumlaufen. | 6 **il cesto:** Korb. | 7 **spense** (pass. rem.): *spegnere.* | 10 **Cattivik:** italienische humoristische Comicfigur. | 15 **a capofitto:** kopfüber. | 15 f. **all'ingiù:** nach unten. | 19 **la scaletta** (dim. von *scala*): kleine Leiter. | **rivestire:** überziehen.

di un colore uguale uguale al giroletto. Il gattino però aveva paura.

"Giusto" pensò lei. "I gatti quando sono piccoli mica scendono le scale."

Fece fare uno scivolo, ma non funzionò neppure quello. Allora mise dei cuscini tutto attorno al letto, tanti che impedivano perfino di passare. Ma il gattino si gettava oltre i cuscini, e finiva per terra facendosi ancora più male.

1 **il giroletto:** Bettrahmen. | 5 **lo scịvolo:** Rutsche. | 6 **il cuscino:** Kissen. | 7 **perfino** (avv.): sogar, selbst.

Frustrata, decise che ogni volta che Milo avesse voluto scendere dal letto lo avrebbe accompagnato con la mano. Così, di notte, quando lui all'improvviso faceva per lanciarsi, lei si svegliava di colpo e lo afferrava per la coda, per farlo scendere piano. Ma anche le mamme, a volte, devono dormire, e in due occasioni, nel saltare giù, Milo si ruppe un dente.

Poi c'era il divano.

«Sali» lo incoraggiava. «Dai.» Il gattino traballava, dondolava la testa avanti e indietro come per prendere la mira. A volte faceva saltini altissimi, con tripli avvitamenti, sembrava Baryšnikov, il famoso ballerino. Solo che poi ricadeva su se stesso. Altre, metteva troppa energia, e finiva per terra oltre il bracciolo del divano. Ma non smetteva mai di riprovare. La ragazza non sapeva se ridere o gridare di paura: era talmente buffo. Cadeva da fermo, cadeva dentro il piatto. Si sporcava tutto, ma a lei non importava, lo ripuliva sempre con pazienza. A volte ballavano la canzone

7 **si ruppe** (pass. rem.): *rompersi.* | 10 **incoraggiare qu:** jdn. ermutigen. | **traballare:** taumeln, wackeln. | 11 **dondolare:** schaukeln. | 11 f. **prendere la mira:** zielen (*la mira:* Ziel). | 12 **triplo/a:** dreifach. | 13 **l'avvitamento:** Schraube, Trudel. | **Baryšnikov:** Mihail Nikolaevič Baryšnikov (*1948): berühmter Balletttänzer. | 15 **il bracciolo:** Armlehne. | 18 **da fermo:** aus dem Stand.

dell'orso Baloo, dal *Libro della Giungla*. «*Ti bastan poche briciole, lo stretto indispensabile …*» Con quelle mosse un po' dinoccolate era perfetta per Milo. Di sera, poi, gli leggeva le favole. *La gallina volante*, *E se covano i lupi*, *Che animale sei?*

«Che animale sei?» gli chiedeva per gioco. E lui, guardandola: «Che domande. Sono un bambino».

1 **Baloo, dal Libro della Giungla:** Balu, aus dem Dschungelbuch. | 1 f. **«Ti bastan poche briciole, lo stretto indispensabile»:** erste Zeile des Liedes von Balu im Zeichentrickfilm *Das Dschungelbuch* von Walt Disney (*Probier's mal mit Gemütlichkeit*). | 3 **la mossa:** Bewegung. | **dinoccolato/a:** schlaksig. | 4 f. **«La gallina … animale sei?»:** Kindergeschichten der italienischen Autorin Paola Mastrocola.

4
Il gabbiano Virgilio

Di giorno, seppur di malavoglia, la ragazza usciva. Le dava tanta gioia quel gattino che avrebbe voluto passare insieme a lui tutte le ore. Anche lui le si era attaccato molto. Era così affettuoso, così dolce con la sua mamma umana. La inseguiva per tutta la casa, diventava geloso se lei parlava al cellulare oltre una certa ora. Aveva perfino imparato a spegnerle il pc, saltando sull'interruttore rosso della multipresa.

Recentemente, poi, aveva cominciato a chiuderla nel bagno per protesta, per far sì che non uscisse di casa. Spingendo la porta col suo piccolo peso, finché questa scattava e si bloccava. Per liberarsi le ci volevano alcuni minuti.

«Milo, che combini?» E scoppiavano a ridere. Ma lui non sapeva di chiamarsi Milo. Credeva di chiamarsi Amore.

E però uscire bisognava: servivano crocchette e pesce fresco, e soldi per comprarli. Così la ragazza andava a lavorare, e il gattino rimaneva solo. Prigioniero

2 **il gabbiano:** Möwe. | 3 **seppur(e):** auch wenn. | **di malavoglia:** widerwillig (*la malavoglia:* Widerwille). | 5 f. **attaccarsi a qu:** an jdm. hängen. | 10 **la multipresa:** Mehrfachstecker. | 14 **scattare:** zuschnappen. | 18 **Amore:** hier: Liebling.

dentro quell'appartamento dove non poteva andare sul terrazzo perché malfermo com'era sulle gambe rischiava di cader di sotto («Milo, no! è pericoloso!»). Né sul davanzale, perché non sapeva saltare. Ma lui sentiva che c'era una vita fuori: profumi, odori, esseri strani. Stava seduto sotto alla finestra col naso all'insù, e a volte, quando vedeva un uccellino, ne seguiva il volo con la testa e cadeva all'indietro. Talvolta uno di loro, particolarmente curioso, si fermava, incerto. «Vieni, uccellino, vieni» lo incoraggiava Milo quasi supplicando. E quello, rendendosi conto della sua presenza: «Un gatto?? Fossi matto!», e se ne volava via. Così il gattino se ne restava accovacciato davanti alla porta d'ingresso, sospirando, ad aspettare che la ragazza tornasse.

In realtà, lei aveva pensato più volte di dargli un fratellino. Ma le parole del medico l'avevano frenata. "Milo non sa di essere diverso da altri mici" si diceva. "E se un gatto sano lo facesse soffrire, rendendolo cosciente della sua condizione? E se cercando d'imitarlo Milo si facesse del male?" Su tutto questo s'interrogava la ragazza, senza saper mai darsi una risposta.

2 **malfermo/a (sulle gambe):** wackelig (auf den Beinen). | 4 **il davanzale:** Fensterbrett. | 6 f. **all'insù:** nach oben. | 11 **supplicare:** anflehen. | 12 **Fossi matto!:** Ich bin doch nicht verrückt! | 13 **restare accovacchiato/a:** kauern, hocken. | 19 f. **cosciente** (agg.): bewusst.

Come tutte le mamme, voleva solo il bene di quel suo gattino.

Finché un giorno, un giorno, con un gran fragore, un animale enorme cadde diritto, attraverso la finestra, dentro l'appartamento. C'erano piume dappertutto.

«Aiuto, aiuto!» gridò Milo, correndo a nascondersi.

L'animale, un gabbiano di una certa età con una buffa macchia rossa sul becco, si ricompose, scrollandosi di dosso le piume cadute ed esplorando il nuovo ambiente.

«CRA, CRA … Ti ho visto, sai?» disse all'indirizzo del gattino, che s'era sì nascosto dietro un muro, ma si sa, i gatti alla curiosità non san resistere. «Tu chi saresti?»

«I … Iooo?» fece Milo prendendo coraggio. «Chi … Chi sei TU?! Sei stato tu a entrare in casa mia!»

E il gabbiano, con fare spensierato: «Ah, che sbadato, è vero. Piacere, sono Virgilio, gabbiano reale zampegialle, da non confondersi con un gabbiano zaffera-

3 **il fragore:** Getöse. | 8 **si ricompose:** pass. rem. von *ricomporsi* (*ricomposto*): sich wieder fassen. | 8 f. **scrollarsi di dosso:** sich abschütteln. | 9 **esplorare:** erforschen, erkunden. | 13 **san:** *sanno.* | 17 **spensierato/a:** sorglos, unbekümmert. | 17 f. **sbadato/a:** unachtsam, gedankenlos. | 18 f. **il gabbiano reale zampegialle:** Mittelmeermöwe (*reale* [agg.]): königlich). | 19 f. **gabbiano zafferano:** Heringsmöwe (*lo zafferano:* Safran).

no. Mi raccomandano di dire così casomai mi perdessi».

Il gattino scoppiò a ridere. «Be', reale non mi sembri proprio, signor gabbiano, scusa se te lo dico.»

«È perché sono un po' distratto. Poi a volte la rifrazione della luce mi confonde. Vorrei vedere te a volare in città.»

«Io? Ma io non so saltare, figuriamoci volare. Sono un gatto disabile. Ho una malattia che si chiama ipo … ipo … Non me lo ricordo» disse il gattino frustrato.

«Su, su. Sapessi quante cose dimentico io. Certo, un gatto che non sa saltare è proprio strano. Ma senti un po'» chiese, avendo fiutato un certo odorino, «avresti mica qualcosa da mangiare?»

Il gattino rise: «Ho un sacco da mangiare! Ti piace la spigola?»

«Ah, che gatto chic. Da quanto tempo non assaggio una spigola» disse il gabbiano chiaramente affamato. «Davvero non ti scoccia se la mangio io?» E prima ancora che il gattino potesse rispondere si fiondò sul piatto, ripulendolo in un lampo. «Ah, com'è buono. Quanto mi piacciono i pescetti. Sai, una volta abitavo

5f. **la rifrazione della luce:** Lichtbrechung. | 10 **frustrato/a:** frustriert. | 13 **fiutare:** wittern. | 20 **fiondarsi su qc:** sich auf etwas stürzen. | 21 **ripulire:** säubern, hier: sauberlecken. | **in un lampo:** blitzschnell. | 22 **il pescetto** (dim. von *il pesce*): kleiner Fisch.

in un posto bellissimo, sulla costa laziale. Aria pulita, prelibatezze da mangiare … Mi manca tanto l'odore del mare.»

«E perché non sei rimasto lì?»

«Perché di pesce ce n'era sempre meno. L'ossessione dell'uomo per il sushi sta distruggendo i mari, alterando gli equilibri della fauna. Per non parlare dell'inquinamento … è per questo che negli ultimi anni tanti gabbiani hanno iniziato a nidificare in città. Dopo che alcuni nostri amici sono morti per aver mangiato dei sacchetti di plastica scambiandoli per pesci, con la mia famiglia sono venuto a Roma. Adesso abito sui tetti di Palazzo Chigi – non un gran posto di questi tempi, devo dire. Anche se hanno un'ottima pescheria.»

«Ma è vero che siete uccelli feroci? Che attaccate piccoli animali indifesi come me, mangiate topi morti e portate malattie?»

E il gabbiano, in tono grave: «Ti sembro feroce io? Tu sei fortunato, vivi in una bella casa, mangi solo cose buone e hai qualcuno che si occupa di te. Noi

1 **laziale** (agg.): aus dem Latium (Region bei Rom). | 2 **la prelibatezza:** Köstlichkeit. | 5 f. **l'ossessione** (f.): Besessenheit, Zwangsvorstellung. | 7 **alterare qc:** etwas verändern/(ver)fälschen. | 9 **nidificare:** nisten. | 13 **Palazzo Chigi:** Amtssitz des italienischen Ministerpräsidenten. | 15 **la pescheria:** Fischgeschäft. | 17 **indifeso/a:** wehrlos, hilflos.

animali selvatici il cibo dobbiamo trovarcelo da soli: non c'è nessuno che si occupi di noi. E anche in città non è più così facile. La gente ci odia. Dicono che siamo sporchi e cattivi, che attacchiamo le persone, ma la città stressa anche noi. Anch'io vorrei mangiare spigola ogni giorno, ma spesso, per nutrire la mia famiglia, devo cercare tra i rifiuti e nelle discariche. Per fortuna vi si trovano ancora tante cose commestibili. Gli umani si lamentano sempre di tutto quello che non hanno, ma poi buttano via un sacco di cibo ancora buono».

Il gattino ripensò a tutte le volte che aveva fatto i capricci per mangiare, e alla sua mamma umana che non si arrabbiava mai, ma anzi, preoccupata di non nutrirlo a sufficienza, gli proponeva una prelibatezza dopo l'altra – tre, quattro, cinque ciotoline a volta – pur di trovare ciò che gli piacesse. «Ti andrebbe un filetto di salmone al profumo d'aneto?» gli chiedeva. E lui guardava il piatto con una smorfia come a dire: "Ti farò sapere". Ripensò a tutto questo, e si ripropose d'essere più buono.

7 **la discarica:** Mülldeponie. | 13 **il capriccio:** Laune, Extravaganz. | 15 **a sufficienza:** zur Genüge. | 16 **la ciotolina** (dim.): Schälchen, kleine Schüssel (*la ciotola*: Schüssel, Schale). | 18 **l'aneto:** Dill. | 20 **si ripropose:** pass. rem. von *riproporsi di fare qc:* sich vornehmen, etwas zu tun.

«Su, su» disse il gabbiano. «Non volevo intristirti. Così è la vita, e ognuno di noi ha la sua. Ti confesso una cosa: io adoro la pizza.»

«La pizza? Che cos'è?»

«Non sai cos'è la pizza? Ma ragazzo mio, in che mondo vivi?! La pizza rossa, o margherita, o con i gamberetti e le zucchine. Scommetto che la tua mamma umana la porta a casa spesso. A Roma la fanno proprio buona, solo a pensarci mi viene l'acquolina. Proprio l'altro giorno ho visto un ragazzo che scriveva al cellulare con un pezzo di pizza al prosciutto in una mano. Sapevo che gli sarebbe caduta per terra. Così l'ho seguito per un po' e quando è caduta davvero l'ho mangiata io. Ho anche buttato l'incarto nel cassonetto dell'immondizia. Affinché non si dica che siamo animali sporchi. Perché vedi, Milo, noi animali impariamo a vivere nelle città degli uomini: li osserviamo e ci adeguiamo.»

«Davvero? Come i gatti che imparano a chiudere le porte, anche se in modo un po' maldestro?»

«Certo, e come i cani randagi che sanno attraversa-

1 **intristire qu:** jdn. traurig machen. | 3 **adorare qc/qu:** etwas/jdn. lieben/vergöttern. | 7 **il gamberetto** (dim.): Garnele (*il gambero:* Krebs). | 9 f. **mi viene l'acquolina (in bocca)** (loc.): mir läuft das Wasser im Mund zusammen. | 15 **il cassonetto dell'immondizia:** Mülltonne. | 18 **adeguarsi:** sich anpassen. | 21 **randagio/a:** streunend.

re sulle strisce. Le città non sono solo degli umani. Sono di tutti, e dobbiamo conviverci.»

Era una grande lezione, quella di Virgilio, ma fu soprattutto il pensiero del gabbiano all'inseguimento della pizza a risollevare Milo, che fece un risolino.

«Ecco, così va meglio» disse Virgilio. «E ora, ragazzo, facciamo qualcosa per te. Non sai saltare, dici? Impossibile. Ti aiuto io, è semplicissimo. Devi solo concentrarti e prendere lo slancio. Così.»

Wooom. Il gabbiano saltò sul divano.

Il gattino scosse la testa. «Ehhh. Pare facile … Sai quante volte ci ho provato. E poi io, anche se sono piccolo, peso molto più di te.»

«Ritenta, dai. Ricorda: non c'è nulla che tu non possa fare se ci credi davvero.»

Il gattino si concentrò. Strizzò gli occhi, strizzò tutto se stesso. Prese la mira, traballando, e … wooom. Con un balzo saltò sopra il divano.

«Guarda, Virgilio! Ce l'ho fatta! Ce l'ho fatta!»

«Bravo, figliolo. Hai visto? Altro che disabile. Devi solo esercitarti. Vedrai che piano piano ti verrà sem-

1 **le strisce (pedonali):** Zebrastreifen. | 5 **risollevare (il morale):** (die Moral) heben. | **il risolino** (dim. von *il riso*): kurzes Lachen. | 14 **ritentare:** noch einmal versuchen. | 16 **strizzare gli occhi:** die Augen zusammenkneifen. | 21 **esercitarsi:** (sich) üben.

pre più facile. Ma adesso è meglio che io vada. Si è fatto tardi, devo tornare a casa. E poi, pensa cosa accadrebbe se la tua mamma umana tornasse e mi trovasse qui. Avrebbe paura per te e mi caccerebbe con la scopa.»

«Ma tornerai domani, vero?»

«Forse. Dici che ci sarà ancora della spigola?»

«Quella c'è sempre, Virgilio, sempre!»

Virgilio tornò per giorni e giorni, e non certo per la spigola, né per l'orata o per il tonno. Tornava per Milo, e ogni giorno che andava a trovarlo, il gattino aveva più fiducia in sé. Finché un giorno Virgilio gli disse che doveva partire, e non sarebbe tornato per un tempo molto lungo – sei mesi almeno, un periodo che il gattino non seppe quantificare.

«Il Marocco? E dov'è il Marocco?» pianse Milo. «E io? Come faccio senza di te, come?»

«Su, su. Non fare così. Tu hai la tua mamma, che ti vuole tanto bene.» Virgilio con pazienza gli spiegò che anche se gli animali sono tutti uguali, ognuno ha il suo stile di vita, la sua vocazione.

«Vedi, Milo, voi gatti molto tempo fa siete diventati domestici, scegliendo la prossimità agli umani come strategia di sopravvivenza. Tu allieti l'esistenza della tua mamma umana, sei il suo piccolino. Pensa che ne sarebbe di te se fossi rimasto un gatto di strada … Libero, è vero, ma con una vita così incerta, così tanti pericoli. Noi gabbiani, invece, siamo rimasti selvatici. Siamo fatti per volare – spesso anche volare via. Ognuno di noi deve accettare ciò per cui è venuto al mondo. Anche se tu, gattino mio, diventerai un supereroe. E quando ci rivedremo me lo dimostrerai.»

«Virgilio …» fece Milo prima che il gabbiano spiccasse il volo.

3 **seppe** (pass. rem.): *sapere.* | **quantificare:** quantifizieren, (ab)schätzen, bestimmen. | 9 **la vocazione:** Berufung. | 11 **(l'animale) domestico:** Haustier. | **la prossimità** (invar.): Nähe. | 12 **la sopravvivenza:** das Überleben. | **allietare:** erfreuen. | 21 f. **spiccare il volo:** abheben.

«Sì, figliolo?»

«Tu non sei affatto un uccello cattivo. Io ti voglio tanto bene.»

Quella sera il gattino mostrò alla ragazza tutti i suoi progressi. Wooom. Wooom. Non la finiva più di scendere e salire dal divano. Certo, sul letto probabilmente non sarebbe mai riuscito a saltare, ma lei era felicissima di quei successi insperati, e il gattino capì quanto lui stesso desiderasse darle un motivo di gioia. Quella notte, quando andarono a dormire, si strinsero più forte. «Mamma, ti amo, ti amo» le disse.

8 **insperato/a:** unverhofft. | 10 f. **si strịnsero** (pass. rem.): *stringersi:* sich drücken.

5
G-Attila, il flagello dei gatti

Non sembrava possibile, era inimmaginabile. All'assemblea condominiale erano tutti sconcertati. In quello stabile al centro di Roma – non uno stabile da ricchi, anzi, e in un quartiere di bettole e bordelli che era stato tra i più malfamati, ma che recentemente si era gentrificato –, forse a causa dei lavori in corso, c'era un'invasione di scorpioni. SCORPIONI, avete presente?

Il signor Luigi, che puliva le scale, aveva messo il veleno dappertutto. Ma quelli, impertinenti, continuavano a uscire. Dai chiusini dell'acqua nel cortile, dai sotterranei dove erano state trovate delle rovine romane. Non a centinaia, per carità. E assai poco velenosi. Ma abbastanza grandi, neri e con una frequenza tale da preoccupare tutti.

Così, anche se non era estate, l'edificio si era quasi

2 **G-Attila:** Wortspiel aus *gatto + Attila* (Hunnenkönig im 5. Jh.). | **il flagello:** Geißel, Plage. | 3 **inimmaginạbile** (agg.): unvorstellbar. | 3f. **l'assemblẹa condominiale:** Wohnungseigentümerversammlung. | 4 **sconcertato/a:** verblüfft, befremdet. | 6 **la bẹttola:** Spelunke. | **il bordello:** Bordell. | 7 **malfamato/a:** anrüchig, verrufen. | 8 **gentrificato/a:** gentrifiziert. | 12 **impertinente** (agg.): ungehörig, frech. | 13 **il chiusino:** Gullydeckel. | 14 **il sotterraneo:** Untergrund.

svuotato. Chi aveva una seconda casa, come tanti, era andato via. Erano rimasti solo gli studenti fuori corso della scala A e la ragazza col gattino.

Anche lei aveva tappato tutti i buchi, ma si sa, le case vecchie riservano sempre un sacco di sorprese.

Ora, di norma sarebbero i gatti a cacciare gli scorpioni. Ma Milo, traballino com'era, non era in grado di cacciare nulla, né forse avrebbe avuto il cuore. Era così indifeso. Tutto gli faceva paura, ma in special modo a spaventarlo erano i moscerini, per una strana proporzionalità inversa. Quando ne vedeva uno, o credeva di vederne, iniziava a piangere. «Il Babau, il Babau!» si disperava dal ciglio del letto, mentre la ragazza accorreva con la scopa, immaginando chissà quale orco cattivo. A volte lui si faceva coraggio e cercava di prenderli, saltando sul muro, ma era così scoordinato che ricadeva all'indietro. Solo una sera, alla ragazza sembrò che avesse ucciso una falena, e non sapeva se premiarlo per il grande traguardo o fare il

1 **svuotarsi:** sich leeren. | 2 **lo studente / la studentessa fuori corso:** Langzeitstudent(in). | 4 **tappare qc:** etwas verschließen. | 6 **di norma:** im Normalfall. | 9 **indifeso/a:** wehrlos, hilflos. | 11 **la proporzionalità** (invar.): Verhältnismäßigkeit. | **inverso/a:** umgekehrt, entgegengesetzt. | 12 **il Babau:** Butzemann. | 13 **il ciglio:** hier: Rand. | 14 **accorrere** (*accorso*): herbeieilen. | 15 **l'orco:** Ungeheuer, Scheusal. | 16 f. **scoordinato/a:** unkoordiniert, unorganisiert. | 18 **la falena:** Nachtfalter. | 19 **premiare qu:** jdn. belohnen.

funerale al povero insetto. Finché non si rese conto che la falena era morta da un pezzo, e per cause naturali. Milo, come predatore, sembrava destinato al fallimento.

E lo scorpione non fece eccezione.

Non era il primo, in casa, ce n'erano stati altri. Ma li aveva scoperti sempre lei. Uno giallo albino, piccolissimo, uno più grande arancione, uno nero trovato sotto il calorifero. I primi due, raccolti con le scatolette trasparenti del formaggino Bel Paese, li aveva liberati nel cortile; su quello nero, troppo grande per qualsiasi scatolina, aveva gettato con la pelle d'oca un po' di carta, lo aveva preso con le mani e infilato dentro il cesto della spazzatura. In seguito, Luigi disse che era davvero uno scorpione molto grosso, seppure probabilmente innocuo, almeno per gli umani. Ma si sa, le mamme diventano leonesse quando di mezzo c'è il bene dei figli.

*

Quella mattina, dopo che la ragazza era uscita e lui aveva sonnecchiato per un paio d'ore sul divano, a

3 **il predatore:** Raubtier. | 9 **il calorifero:** Heizkörper. | 14 **il cesto della spazzatura:** Abfalleimer. | 16 **innocuo/a:** unschädlich, harmlos. | 20 **sonnecchiare:** dösen, schlummern.

Milo venne fame. («Trota! Evvai!») E come si sa, dopo aver mangiato viene d'andare in bagno. Così il gattino si diresse verso la toilette. Ma appena entrato, orrore! Uno scorpione nero. Il più grande che avesse mai visto. «Aiuto, aiuto!» pianse, gelato di paura.

«E non urlare, che mi fai male ai timpani» rispose quello con un deciso accento romanesco.

«Eeee ... tututu ... tu ... chiiii ... sei?» balbettò Milo.

«Che, non si vede? Sono uno scorpione. Mi chiamo G-Attila. Vuoi sapere il perché? Perché con la mia gang, gli Scorpions, siamo il terrore dei gatti del circondario.»

Lo scorpione agitò minaccioso le tenaglie, e il gattino iniziò a tremare.

«Non vo ... Non vorrai mica ... mica ...»

Quando all'improvviso una voce tuonò dietro di lui. Quella di uno scorpione tre volte più grande.

«Pierino Scorpioncino! Come devo dirtelo di non importunare i vicini?»

1 **Evvai!** (inter.): etwa: Jawoll! | 3 **si diresse verso:** pass. rem. von *dirigersi (diretto):* streben, zusteuern auf. | 5 **gelato/a:** gefroren, hier: erstarrt. | 6 **il tịmpano:** Trommelfell. | 7 **romanesco/a:** römisch (Dialekt von Rom und Umgebung). | 8 **balbettare:** stottern, stammeln. | 11 **il terrore:** Schrecken. | 11 f. **il circondario:** Bezirk, Umkreis. | 13 **la tenaglia:** Zange. | 18 **lo scorpioncino** (dim. von *lo scorpione*): kleiner Skorpion. | 19 **importunare qu:** jdn. belästigen.

«Ecco, mamma, io ...» farfugliò il piccolo aracnide.

«Ah, no, eh?! Niente "Ecco, mamma". Questa sera, quando tuo padre torna dal supermercato, facciamo i conti. Vedrai come le prendi. Quante volte ti ho detto che c'è il veleno dappertutto?» E rivolta al gattino: «Ci scusi, signor gatto. Adesso noi torniamo a casa e nessuno si farà male. Lei non deve aver paura, a Roma gli scorpioni non fanno male agli animali domestici. Ma è questo scapestrato di mio figlio, sa. S'è messo in testa di far parte di una gang». Poi rivolta al figlio: «Te la do io la gang, quella dell'asilo!» E giù un buffet-

1 **farfugliare:** nuscheln. | 1 f. **l'aracnide** (m.): Spinnentier. | 10 **scapestrato/a:** liederlich. | 12 f. **il buffetto:** Stupser.

to neanche troppo leggero con la coda, che era evidentemente il modo in cui gli scorpioni si danno i buffetti.

Al gattino, di tutto quel discorso, era rimasta in testa una sola cosa.

«Ti chiami Pierino Scorpioncino??? Ahahahahah. AHAHAHAHAHAH.»

«Be', che c'è tanto da ridere? È un nome come un altro, no?» rispose lui piccato.

«Pierino, attento ...» lo ammonì la mamma.

«Guarda che te le do davvero. Su, chiedi scusa, saluta e andiamo.»

«Uffa, uffa ... occhei.» E poi rivolto a Milo: «Scusa se ti ho fatto spaventare. In realtà noi scorpioni siamo timidi, non devi aver paura. Usiamo il pungiglione solo se veniamo infastiditi, o per uccidere una preda. È che a volte qui ci si annoia tanto, sai. Specie quando c'è il coprifuoco. Tu comunque sembri un tipo giusto. A proposito, come ti chiami?»

«Milo.»

«Milo. Mi piace. Dammi il cinque, Milo» disse determinato a fargli almeno uno scherzetto con la sua

9 **piccato/a:** pikiert, genervt. | 13 **occhei:** okay. | 15 **il pungiglione:** Stachel. | 18 **il coprifuoco:** Ausgangssperre. | 21 **dammi il cinque:** Zeichen zum Abklatschen, vom Englischen *Give me five!*

tenaglia. Ma fu un attimo. Milo lo guardò titubante, mamma scorpione guardò il figlio e … gli assestò un altro colpo sulla testa, stavolta sufficiente a riportarlo a più miti consigli. «Ohi, ohi» disse Pierino, che vedeva le stelle. «A pensarci, meglio di no. Però ci rivediamo, eh. Ciao, Milo.»

Mentre mamma e figlio scorpione tornavano a casa, il gattino fece di tutto per trattenere le risate. Ma a dispetto di quel primo, rocambolesco incontro, Milo e Pierino diventarono amici per davvero. Forse perché erano entrambi neri in una società dove il nero suscita ancora diffidenza.

A volte, Milo e Pierino facevano le gare di velocità (ovviamente, vinceva sempre lo scorpione); altre, restavano a osservare il cielo da sotto la finestra, impegnati in conversazioni vagamente senza senso. Pensiamo che quando non ci siamo i nostri animali dormano tutto il tempo, e invece sai quali avventure …

«E tu cosa vuoi fare da grande, Milo?» chiedeva Pierino.

«Oltre a imparare a correre e saltare, dici? Mi piace-

2 f. **assestare un colpo a qu:** jdm. einen Hieb versetzen. | 3 f. **riportare qu a più miti consigli** (loc.): jdn. zur Vernunft bringen. | 8 **trattenere le risate:** das Lachen zurückhalten. | 9 **rocambolesco/a:** gewagt. | 12 **la diffidenza:** Misstrauen, Argwohn. | 16 **vagamente** (avv.): flüchtig, vage.

rebbe tanto saper catturare qualcosa. Presenti esclusi, va da sé. E comunque sono nonviolento.»

Pierino scoppiò a ridere.

«Davvero, sai» insistette il gattino. «Non farei mai del male a qualcuno. Ma vorrei tanto dimostrare alla mia mamma che sono un gatto come gli altri. Prendere una mosca per diventarci amico, e poi lasciarla andare.»

Lo scorpioncino quasi si rotolò. «Ma Milo, un gatto non prende una mosca per diventarci amico! Cacciare è nella tua natura. Non vuol dire che tu sia violento. Anche se tu sapessi cacciare gli scorpioni, non saresti cattivo. Solo l'uomo infligge dolore per il piacere di farlo. Però ti capisco, sai. Anch'io a volte vorrei essere, come dici tu, un gatto come gli altri.»

Risero. Ma Milo comprendeva il suo stato d'animo.

«Tu sei fortunato» proseguì lo scorpione. «È vero, voi gatti neri avete una brutta fama. Ma quando poi trovi qualcuno che ti vuol bene sul serio, come la tua mamma umana, allora è un paradiso. Noi stiamo qui a parlare di cacciare, che è un istinto. Ma i gatti di casa non hanno bisogno di cacciare. Siete coccolatissimi,

1 **catturare:** fangen. | **presenti esclusi:** Anwesende ausgeschlossen. | 2 **va da sé:** das versteht sich von selbst. | 13 **infliggere** (*inflitto*) **dolore:** Schmerz zufügen. | 18 **la fama:** Ruf. | 22 **coccolato/a:** verwöhnt (*coccolare*: liebkosen, hätscheln).

avete sempre tanto da mangiare. Mentre noi scorpioni, quando ci guardano è solo con orrore. Noi non saremo mai animali d'affezione. Vogliono solo ucciderci, schiacciarci, sterminarci. Perché gli umani non sanno vedere che sono carino anch'io?»

Il gattino era molto sensibile, ma a quella domanda proprio non riuscì a rispondere. Non sapeva perché alcuni animali, per gli umani, erano di serie A e altri di serie B. Ma soffriva per l'amico, e non voleva s'intristisse.

«Sai una cosa, Pierino?» gli disse. «Io ti voglio bene, sei il mio migliore amico. Non m'importa che io sia un gatto e tu sia uno scorpione. Per me siamo proprio uguali. Anche se sapessi cacciare, non ti caccerei mai.»

«Grazie, Milo. Fratello mio.»

Si diedero il cinque e continuarono a parlare, pianificando un sacco di avventure e qualche marachella ai danni dei rispettivi genitori. Ma presto anche la famiglia di Pierino dovette lasciare lo stabile. Il condominio aveva infatti approvato una disinfestazione professionale, con una squadra di killer esperti e prodotti

3 **l'affezione** (f.): Zuneigung. | 4 **sterminare qu:** jdn. vernichten. | 8 f. **la serie A/B:** 1./2. Liga (Fußball). | 17 f. **pianificare qc:** etwas planen. | 18 **la marachella:** Streich. | 19 **rispettivo/a:** jeweilig. | 21 **la disinfestazione:** Vernichtung.

molto più pericolosi. Restare sarebbe stato un suicidio.

«Ma dove andrai, Pierino, che farai?» si lamentò Milo, disperato di perdere anche lui.

«Per il momento andremo a stare dagli zii, in fondo alla strada. Tra l'altro lì c'è un'invasione di scarafaggi: faremo un bel banchetto, con tutti i cugini. Ma è una soluzione temporanea. La mamma dice che in città ci sono troppi predatori. Sai, oltre alle blatte, noi mangiamo ragni e ogni genere d'insetti, ma uccelli, topi e pipistrelli si nutrono di noi. Ci serve un posto umido e sicuro. Io però non ti dimenticherò mai, Milo. Devi credermi.»

«Anch'io non ti dimenticherò mai, Pierino.»

6 **lo scarafaggio:** Küchenschabe. | 7 **il banchetto:** Festmahl/-essen. | 9 **la blatta:** Schabe. | 11 **il pipistrello:** Fledermaus.

6
Una palla di nome Giulia

A Milo sembrò che lo abbandonassero tutti. Virgilio, Pierino, la mamma umana che andava sempre a lavorare. Certo, lei lo coccolava tanto, ogni momento libero che aveva era per lui. Le voleva così bene. Se di notte lei si alzava, lui, preoccupato, usciva da sotto le coperte e l'aspettava. Se tardava, si buttava giù dal letto e andava a cercarla. E poi c'era Virgilio, che aveva promesso di tornare, sì, ma quando? Ogni giorno Milo era sempre più mogio. Neanche la trota, il suo pesce preferito, sembrava interessargli più.

Finché un giorno, dal terrazzino, BUM! Un rumore come di un piccolo tonfo lo svegliò, e il gattino, spaventato, corse alla portafinestra. Fuori c'era una palla, o meglio, una pallina. Una specie di pallina – simile a quella gialla con gli aculei che gli aveva comprato la sua mamma, che tornava sempre dal negozio di pet food con un giochino nuovo – e però diversa. "Questa palla" pensò "non sembra affatto morbida." All'improvviso, la pallina cominciò a rotolare e, incredibilmente, a lamentarsi, soffiare e sbuffare.

11 **mogio/a:** bedrückt, niedergeschlagen. | 14 **il tonfo:** Plumps, dumpfer Schlag. | 15 **la portafinestra:** Balkontür. | 17 **l'aculeo:** Stachel. | 22 **sbuffare:** schnauben.

«HIK, HIK, HIK.»

Il gattino sobbalzò. "Che verso strano" pensò. A metà fra un fischio e uno squittìo. E anche un singhiozzo. «Oddio! Sarà mica un topo?»

«Non sono un topo! Sono un riccio» rispose la pallina … ehm, l'animale.

Non era così raro incontrare un riccio in quello stabile, che si trovava nei pressi del parco di un celebre istituto di restauro per i libri antichi. Ma certo era la prima volta che il gattino ne vedeva uno. Ed era incuriosito, e preoccupato. Non tanto per sé, ma per il riccio, che rotolando sul terrazzo avrebbe potuto sfondare la rete di contenimento, cadere nel cortile sottostante e, come la mamma gli diceva sempre, farsi molto male, anche morire.

«HIK, HIK, HIK» piangeva il riccio. Anche il gattino era angosciato. «Vorrei aiutarti. Ma come posso fare? Non posso uscire sul terrazzo. Io sono un gattino disabile.»

«HIK, HIK, HIK.»

Il modo in realtà c'era. Quella era una casa vecchia, con gli infissi traballanti. Se si fosse appoggiato alla portafinestra, spingendo col suo peso come faceva

2 **Che verso strano!:** Was für ein seltsamer Laut! | 3 **lo squittìo:** Gequieke. | 13 **la rete di contenimento:** Auffangnetz. | 22 **l'infisso:** Fensterrahmen/-flügel.

quasi ogni mattina contro la porta del bagno per impedire alla mamma di andare a lavorare, allora forse sarebbe riuscito ad aprirla.

Ma se fosse caduto di sotto pure lui?

Il gattino prese una decisione. A volte il coraggio, l'empatia, la solidarietà ci danno una forza indescrivibile. Si concentrò, spinse con tutte le sue forze e spalancò la porta, ruzzolando sul terrazzo. Ah, com'era bella l'aria sul musino, quei profumi …

Ma non doveva distrarsi.

*

Si avvicinò al riccio piano piano, per non spaventarlo. «Sei proprio piccolo» gli disse. «Più piccolo di me. Ma non devi spaventarti, sono piccolo anch'io.»

«Fa … fa male» pianse il riccio. «Mi si sono spezzati due aculei.»

«Hai ragione, mi dispiace. Sai, anch'io mi sono rotto due canini saltando giù dal letto. Per fortuna, oggi che noi gatti viviamo nelle case e non dobbiamo più cacciare, non sono più così necessari per mangiare. Dai, vieni fuori. Come ti chiami?»

6 f. **indescrivịbile** (agg.): unbeschreiblich. | 7 **spinse** (pass. rem.): *spingere.* | 10 **distrarsi:** sich ablenken lassen, sich zerstreuen. | 14 **spezzarsi qc:** sich etwas brechen. | 17 **il canino:** hier: Eckzahn.

«Giulia.»

Il gattino scoppiò a ridere. E rise anche il piccolo riccio femmina, che finalmente si decise ad aprirsi.

«Eccoti! Come sei carina. Piacere, Giulia. Io mi chiamo Milo. E ora dimmi: come si chiamano la tua mamma e il tuo papà?»

«Mamma e papà.»

Scoppiarono a ridere entrambi, anche se il gattino pensò che la situazione era complessa. Per guadagnare tempo, mentre cercava una soluzione, chiese a Giulia di raccontargli la sua storia.

«Sono nata non troppo lontano da qui, in un grande palazzo tondo. È vecchio, pieno di buchi e anche senza tetto, ma a quanto pare tantissima gente vorrebbe abitarci, perché vengono a ispezionarlo in continuazione. Si chiama Colosseo. La mia famiglia era stata adottata dal custode, un signore gentile che ci dava sempre dei pezzetti di mela, e abitavamo in una zona chiusa al pubblico. Non c'era tanto verde, ma un sacco di spazio, con tanti tunnel per giocare a nascondino con i miei fratelli. Poi un giorno alcuni ragazzini hanno cercato di darci fuoco con un accendino. Vole-

9 **complesso/a:** komplex, verwickelt. | 9 f. **guadagnare tempo:** Zeit gewinnen. | 15 **ispezionare qu/qc:** jdn./etwas inspizieren/überprüfen. | 17 **adottare:** adoptieren.

vano mangiarci arrosto. Allora mamma e papà hanno deciso di spostarci. È stato pericolosissimo arrivare qui. Papà dice che il traffico uccide migliaia di ricci l'anno, anche quelli che attraversano sulle strisce pedonali. Tu l'hai mai visto il traffico? È un orco brutto e cattivo, che vomita fumo e rumore.»

A Giulia tremava la voce mentre raccontava, e il gattino si commosse.

«E dimmi, Giulia, ti piace dove abiti adesso, all'Istituto di Patologia del Libro?»

«Sì, è molto bello e tranquillo. Ci sono rami e foglie e un sacco da mangiare: formiche, lombrichi, farfalle notturne ...» Al pensiero di casa, e della sua famiglia, il piccolo riccio si rabbuiò e fece per chiudersi.

6 **il fumo:** Rauch, Dampf. | 8 **si commosse** (pass. rem.): *commuọversi.* | 9 f. **Istituto di Patologia del Libro:** Staatl. Institut zur Restaurierung von Büchern. | 12 **il lombrico:** Wurm. | 14 **rabbuiarsi:** sich verfinstern.

«Ti prego, non piangere. Vedrai che si risolverà tutto.»

«Ma tu sei sicuro che la mia mamma e il mio papà mi stiano cercando?»

«Certo. Una mamma non ti lascerebbe mai, se non per la più terribile delle ragioni.» E le raccontò la propria storia, come gliel'aveva raccontata la ragazza quella sera di qualche mese prima, quando il neurologo dei gatti le aveva spiegato cosa probabilmente era accaduto alla sua mamma.

«E sei rimasto orfano? Mi dispiace tanto, Milo.»

«Anche a me. Ma sono stato fortunato. La mia mamma umana mi vuole un sacco di bene.»

«Anche se non è la tua vera mamma?»

«Certo. L'amore è amore, e non fa differenze. Anche se io sono peloso e nero e la mia mamma no, sono lo stesso il suo bambino.»

Riflettendo su quel concetto ancora troppo grande da afferrare per lei, il piccolo riccio si rasserenò. Così il gattino riuscì a spingere verso Giulia un po' d'acqua e un po' di cibo.

«Mmm, che buono» disse lei, mangiando di gusto. «Lo sai, Milo, la mia mamma dice sempre che il cibo per gatti è proprio la merenda ideale per noi ricci,

16 **peloso/a:** haarig. | 19 **rasserenarsi:** sich aufheitern, sich aufhellen. | 24 **la merenda:** Snack.

perché è pieno di proteine. Anche nel parco c'è un gatto, grosso e a strisce ma un po' sordo, e i miei fratelli, che sono più grandi, giocano sempre a prendergli i croccantini.»

Il gattino rise. «Vedi? Siamo molto simili tu e io. Anch'io soffio quando c'è un pericolo. E se corro troppo veloce rotolo, proprio come te. Ma senti, ho una curiosità. Come fate voi ricci a farvi le coccole senza farvi male?, non capisco. Io con la mia mamma sto abbracciato stretto stretto, ma se voi fate lo stesso di certo vi pungete.»

«È molto semplice» disse il riccio sorridendo, orgogliosa di poter spiegare qualcosa. «Bisogna mantenere un equilibrio, la giusta distanza. Vicini ma non troppo vicini, a noi piace così. In questo modo riusciamo a trovare riparo sia dagli aculei che rischiano di pungerci che dal freddo.»

«Non ci avevo mai pensato, è interessante» disse Milo. «Però con me e la mamma non funzionerebbe, credo. Noi vogliamo stare sempre vicinissimi.»

«È il bello delle differenze tra le specie» disse Giulia. «Poi chissà, magari un giorno ti fidanzerai, come i miei genitori prima che nascessi io, e non vorrai più stare stretto stretto con la mamma, ma con la fidanzata.»

7 **rotolare:** (zusammen)rollen. | 16 **il riparo:** hier: Unterschlupf. | 22 **chissà:** wer weiß.

Milo rise, anche se ne dubitava fortemente. Poi pensò a una strategia. Non potendo spingersi fino al parco, decise che avrebbe miagolato fortissimo, per attirare l'attenzione della famiglia di Giulia, mentre lei avrebbe gridato. Di certo qualcuno li avrebbe sentiti.

«Dai, Giulia! Grida. Grida più forte che puoi!»

«Gridare? Sei sicuro? Non è cattiva educazione?»

«Sì, sì, dai. Se gridi, vedrai che arriveranno.»

Allora Giulia gridò. Un grido prolungato, ripetuto e di grande intensità. Sembrava il grido di un bambino, ma anche lo stridere di una sega metallica.

Il gattino ricadde all'indietro. «Caspita!» esclamò. «Se tu gridi così, io che miagolo a fare?»

Giulia arrossì. E insieme scoppiarono a ridere.

«Ma veramente ti piacciono le farfalle notturne?» chiese Milo. «Io ne ho così paura. Quando ne vedo una, mi metto sul ciglio del letto a miagolare. Finché non arriva la mia mamma con la scopa. Ma non le uccide. Le mette solo fuori dalla finestra.»

«Tu forse non lo sai, sono buonissime. Anche se le mie preferite sono le lumache.»

«Quelle non le conosco. Però anche a me piace la frutta. Le mele, i kiwi e soprattutto le pesche. La mamma me le dà la sera a pezzettini, quando ci met-

12 **lo strịdere:** Kreischen. | 13 **Cạspita!** (inter.): Verflixt!

tiamo sul divano a guardare la tv. Lei dice che sono la sua pantera da salotto.»

«Una pantera in salotto. AHAHAHAH.»

Il giorno iniziava a scurirsi. A Milo sembrava che stessero gridando e miagolando da ore. Quando ormai aveva quasi perso le speranze, ecco che dal muretto si affacciò un grande riccio, e poi un altro, e uno più piccolo. Erano proprio loro: la famiglia di Giulia.

«Evviva, evviva» squittì il piccolo riccio, mentre i tre, con circospezione ma veloci, scendevano giù a recuperare la loro piccolina. «Mamma, papà!»

Milo tirò un sospiro di sollievo. Ce l'aveva fatta. Virgilio sarebbe stato proprio fiero. S'intenerì a vedere il piccolo riccio coccolato dalla sua famiglia, e sperò che la sua mamma umana tornasse presto a casa.

Prima che andassero, papà riccio, riconoscente, si avvicinò al gattino. «Ricordatelo sempre, figliolo» disse. «Tu sei un supereroe, e una creatura buona. Puoi fare tutto ciò che vuoi. Devi solo credere in te stesso.»

Il gattino annuì. «Ce la metterò tutta, prometto.»

4 **scurirsi:** sich verdunkeln. | 10 **Evviva!** (inter.): Juhu! | **squittire:** quieken. | 11 **la circospezione:** Umsicht. | 14 **intenerire qu:** jdn. erweichen. | 22 **annuire:** nicken. | **mẹttercela tutta:** alles geben.

«Ciao, Milo. Quando sarò più grande ti verrò a trovare. Giocheremo insieme.»

«Ciao, Giulia. Fai una bella vita» replicò il gattino, mentre i ricci correvano veloci verso il parco, e verso il futuro.

7
L'isola dei gatti

I mesi passarono. Venne l'inverno, e poi l'estate. E un giorno arrivò una telefonata. Era il papà della ragazza, che li invitava nella casetta al mare di Linosa – anche Milo, certamente. Quella natura incontaminata, il sole, i fichi d'India: sarebbe stato così bello, pensò lei, che in quell'isola tra la Sicilia e l'Africa aveva trascorso l'infanzia. Ma era preoccupata. Un micetto disabile all'aperto, fra gli scogli? E se ci sono i ragni, le lucertole? Se cade e si fa male? Se un gatto selvatico lo attacca e lui non sa difendersi? Una volta, tanto tempo prima, aveva portato Milo al parco, ma lui era ancora piccolino e si era spaventato: si era aggrappato con le unghie al trasportino di pezza e non voleva uscire, terrorizzato da tutti quei suoni strani, da tutti quegli sconosciuti che passavano. Per non parlare delle scene dal veterinario, dove bisognava sedarlo anche solo per fargli il vaccino – e quanto soffriva la ragazza a vederlo agitarsi nella

5 **Linosa:** Insel südlich von Sizilien. | 6 f. **incontaminato/a:** unberührt, nicht verschmutzt. | 7 **il fico d'India:** Feigenbaum. | 11 **la lucertola:** Eidechse. | 15 **aggrapparsi a qc:** sich an etwas festkrallen. | 15 f. **di pezza:** aus Stoff. | 16 **terrorizzato/a:** zu Tode erschrocken. | 19 **sedare qu:** jdn. betäuben. | **il vaccino:** Impfstoff, Impfung. | 20 **agitarsi:** sich hin- und herwerfen.

gabbietta di contenimento finché il tranquillante non faceva effetto. Così, il guinzaglietto rosso che gli aveva comprato, così chic con la pelliccetta nera, era rimasto a prendere la polvere nello sgabuzzino.

Ma forse … forse adesso era il momento giusto. Milo era cresciuto. Che l'appartamento in città gli andasse stretto era evidente, se passava le giornate davanti alla finestra. E certo, al mare poteva correre dei rischi – tanto più che, quasi per compensare la sua disabilità, sembrava ogni giorno più spericolato. Ma a volte bisogna prendere il coraggio per le mani, in questo caso anche per le zampette. Così, armati di collarino antizanzare, lozione protettiva per i polpastrelli, un cappellino parasole che gli stava d'incanto e medicamenti di ogni genere, partirono. Il bagaglio di Milo era più grande di quello della ragazza.

L'aereo, l'automobile, un'intera notte in nave: fu

1 **la gabbietta di contenimento:** Schutzkäfig. | **il tranquillante:** Beruhigungsmittel. | 2 **il guinzaglietto** (dim.): kleine, dünne Leine (*il guinzaglio:* Leine). | 3 **la pellicetta** (dim. von *la pelle*): hier: Fell. | 4 **lo sgabuzzino:** Abstellraum. | 9 **compensare qc:** etwas ausgleichen/wettmachen. | 10 **la disabilità** (invar.): Behinderung. | **spericolato/a:** waghalsig. | 13 **il collarino antizanzare**: Mückenhalsband. | **la lozione protettiva:** Sonnenschutz/-lotion. | 13 f. **il polpastrello:** hier: Pfötchen. | 14 **il cappellino parasole** (dim. von *il cappello*): Sonnenschutzhütchen. | **… che gli stava d'incanto:** … mit dem er zauberhaft aussah.

un viaggio lunghissimo, anche se a tratti divertente. Alla biglietteria la ragazza aveva chiesto: «Posso avere una cabina con gatto?» Voleva dire «con bagno», tutti erano scoppiati a ridere. Ai controlli, poi, gli avevano fatto tanti complimenti: «Com'è bello, sembra un fotomodello», e lui si era inorgoglito. Anche se la mamma, prontissima, aveva risposto: «Casomai fotomonello».

Ma adesso era nervoso. Dove lo stavano portando? E perché sembrava traballare tutto? Non era sufficiente che traballasse lui?

Come si stava bene, però, quella mattina sulla nave … Che buono l'odore del mare, coi gabbiani che volavano e sembravano Virgilio, sembrava che lo accompagnassero. Chissà dov'era Virgilio, il suo Virgilio. Ma ecco la spiaggia della Pozzolana, gli indicava la mamma, con le berte e il Monte Nero, che invece era rosso e giallo. E l'ospedale delle tartarughe, e i gigli africani. Ecco il paesino, con le tipiche casette colorate. Era così felice, la ragazza, di portare il piccolino nei luoghi dove lei era stata bimba. Finalmente, dopo un breve passaggio sul trattore di Vincenzo, arrivarono a

1 **a tratti:** hier: teilweise. | 6 **inorgoglirsi:** stolz werden/sein. | 7 **casomai:** im Falle, hier: eher. | 7f. **il fotomonello** (neolog.): Fotogöre (Wortspiel aus *fotomodello* + *il monello:* Schelm).
17 **la berta:** Sturmtaucher (Vogel). | **Monte Nero:** eine der Spitzen des Ätna. | 22 **il trattore:** Traktor.

casa: azzurra come il mare, con un patio da cui dominare il circondario e le tende bianchissime. Il gattino era eccitato, ma anche intimidito: non era abituato a tutto questo, al fuori, alla grandezza del mondo. La ragazza lo piazzò sull'amaca. Presto venne sera, e Milo, sfinito dal lungo viaggio e da tutte quelle novità, si addormentò di colpo.

Il giorno dopo, miao. Il gattino non aveva mai visto tanto cielo, tanto spazio. Ed era proprio tutto suo. Si sentiva un principino, in mezzo alla sua famiglia

1 **il patio:** Innenhof. | 1f. **dominare qc:** etwas beherrschen/dominieren. | 3 **eccitato/a:** aufgeregt. | **intimidire:** einschüchtern. | 5 **l'amaca:** Hängematte. | 10 **il principino** (dim. von *il prịncipe*): kleiner Prinz.

umana. La mamma che finalmente era tutta per lui, lo zio che l'aveva salvato dalla strada e gli voleva così bene, il nonno che da quando era andato in pensione si era appassionato al giardinaggio e alla cucina e preparava manicaretti deliziosi. Ogni paura sembrava immotivata, Milo si ambientò prestissimo. Tanto che un giorno attaccò una mucca.

Ma andiamo per ordine.

Sull'isola c'erano un sacco di animali, e soprattutto gatti. C'era Timone, il vicesindaco, felino migrante senza un occhio salvato ad Aleppo, grazie all'impresa straordinaria di un autista di ambulanze. Mohammad, questo il suo nome, nel tempo libero si dedicava agli animali rimasti soli nel conflitto; una studentessa, dall'Italia, lo aiutava con la raccolta fondi. Insieme erano riusciti a creare, in quella città della Siria devastata dalla guerra, un'oasi di pace per decine di gatti. E quando il santuario era stato distrutto dalle bombe, lo avevano spostato in periferia.

4 **appassionarsi a qc:** sich für etwas begeistern. | **il giardinaggio:** Gartenarbeit. | 5 **il manicaretto:** Leckerbissen. | **delizioso/a:** köstlich. | 5 f. **immotivato/a:** unbegründet. | 6 **ambientarsi:** sich eingewöhnen. | 10 **il vicesịndaco:** der zweite Bürgermeister. | 11 **Aleppo:** Stadt in Syrien. | 15 **la raccolta fondi:** Spendensammlung. | 16 **Siria:** Syrien (*il/la siriano/a:* Syrer[in]). | 17 **devastare:** verwüsten, zerstören. | 18 **il santuario:** Wallfahrtsort; hier: Zufluchtsort für Katzen.

Non che i siriani abbandonassero i propri animali. Anzi, moltissimi, fuggendo, cercavano di portarli con sé. Ma nella confusione, nel terrore, molti andavano dispersi. Timone era proprio uno di questi, salvato e curato da Mohammad che, intuendone lo charme da Casanova, sull'occhio ferito aveva applicato una benda, in stile pirata. Ma a Timone, che come tutti i Casanova era narciso e un po' insicuro, il santuario, con tanti concorrenti, stava stretto. Decise di tentare la fortuna, e un giorno si mise in cammino. Per un lunghissimo viaggio che lo portò inizialmente sulla costa, dove s'imbarcò su un traghetto per Cipro, e poi ad Atene. E infine a Delfi, dove Timone s'invaghì di una gattina che si chiamava Pizia. La quale però rifiutava di concedersi, e il nostro, che in un momento di fervore amoroso le aveva giurato fedeltà, dopo tre settimane non resistette più, e la tradì con due sue amiche. Ma Pizia, una vera medium, scoprì tutto, e Timone, ormai bandito, si mise in marcia per nuove

4 **disperso/a:** vermisst. | 5 **intuire qc:** etwas ahnen. | 6 **Casanova:** venezianischer Frauenheld aus dem 18. Jh. | 7 **la benda:** Binde. | **il/la pirata:** Pirat(in). | 8 **il narciso:** Narzisst(in). | 12 **Cipro:** Zypern. | 13 **Atene:** Athen. | 13 f. **invaghirsi di qu:** sich in jdn. verlieben. | 15 **concẹdersi** (*concesso*): sich hingeben. | 16 **il fervore:** Inbrunst. | **amoroso/a:** Liebes…, liebevoll. | 19 **bandire:** verbannen. | **mẹttersi in marcia:** sich in Marsch setzen.

avventure, finendo a imbarcarsi su una nave da crociera dotata di una fornitissima cambusa. Quando la nave qualche tempo dopo approdò a Malta, l'ormai pasciuto gatto decise di restare, adottato nientedimeno che da un Cavaliere Ospitaliero. Carlo, così si chiamava, era un uomo timorato e molto buono. Aveva, a detta di Timone, un unico problema: seguendo come i suoi predecessori la regola monastica, mangiava pochissimo.

Così un giorno, attratto dall'odore di pesce proveniente da un tir ormai svuotato, il gatto non si accorse che, mentre cercava avidamente del cibo, i portelloni venivano chiusi con lui dentro, e l'autotreno saliva sul traghetto che da Malta l'avrebbe portato a Linosa. Se fino a quel momento Timone aveva condotto vita da grande seduttore tra le micie e i pesci-

1f. **la nave da crociera:** Kreuzfahrtschiff. | 2 **dotato/a di:** ausgestattet, versehen mit. | **fornito/a:** ausgestattet. | **la cambusa:** Kombüse. | 3 **approdare:** landen. | 4 **pasciuto/a:** wohlgenährt. | 4f. **nientedimeno che:** niemand Geringerer als. | 5 **il Cavaliere Ospitaliero:** Mitglied des Johanniterordens. | 6 **timorato/a:** gottesfürchtig, gewissenhaft. | 6f. **a detta di qu:** auf jds. Aussage hin. | 8 **il/la predecessore/a:** (Amts-)Vorgänger(in). | **monastico/a:** Kloster…, klösterlich. | 11 **il tir:** LKW. | **svuotare:** entleeren. | 11f. **si accorse** (pass. rem.): *accorgersi.* | 12 **avidamente** (avv.): gierig. | 12f. **il portellone:** (Heck-)Klappe. | 13 **l'autotreno:** Sattelzug. | 16 **il seduttore / la seduttrice:** Verführer(in).

vendoli dei porti in cui s'era fermato, ora il poveretto attraversava il mare al buio, senz'acqua, cibo o aria, sballottato dentro un tir tra il caldo infernale e un rumore spaventoso di lamiere, senza sapere come e quando quel tormento sarebbe finito. Si sentì male, svenne. Finalmente, dopo moltissime ore, le porte del tir si spalancarono all'improvviso e il gatto fu investito da una luce fortissima: la luce di luglio a Linosa. Timone raccolse tutte le sue forze e saltò giù. Promettendo di mettersi a dieta e di condurre vita più morigerata.

Ovviamente, la promessa durò solo un paio di giorni.

A Milo, Timone stava simpaticissimo. Adorava, lui che fino a quel momento non aveva mai viaggiato, sentirgli raccontare storie di viaggi e di conquiste – anche se capì ben presto che il pirata aveva la tendenza a esagerare, e quando si piccava d'aver preso un pesce di due metri voleva dire dieci centimetri scarsi.

*

3 **sballottare:** hin und her werfen. | **infernale** (agg.): höllisch. | 4 **la lamiera:** Wellblech. | 6 **svenne** (pass. rem.): *svenire.* | 7f. **investire:** hier: treffen. | 11 **morigerato/a:** sittsam, enthaltsam. | 18 **piccarsi di qc:** auf etwas bestehen, sich etwas einbilden.

Ma a Linosa c'erano anche i gemelli Pino e Gino, due cani che proprio gemelli non erano, anzi: il primo uno schnauzer nano esagitato e l'altro un carlino impassibile. Epperò erano entrambi neri, e della stessa statura. Abitavano nella proprietà confinante, e Milo vi s'imbatté quasi subito.

«E tu di che razza saresti?» chiese altezzoso Gino, affacciandosi un po' goffamente dal muretto di cinta.

Il gattino, passata la sorpresa, fece un muso perplesso.

«Come di che razza sono? Sono un gatto!»

Quello cominciò a sciorinare: «Abissino, blu di Russia, British shorthair, persiano ... No, persiano con quel pelo così corto non sei di sicuro. Vabbè, da quale allevamento vieni?»

«Ma io non vengo da un allevamento» disse Milo ridendo. «Vengo da un'aiuola.»

E il carlino, scuotendo la testa, come se la risposta

3 **lo schnauzer nano:** Zwergschnauzer (*il nano:* Zwerg). | **esagitato/a:** aufgedreht. | **il carlino:** Mops. | 3 f. **impassịbile** (agg.): gleichmütig. | 4 **epperò:** dennoch. | 5 **confinante** (agg.): angrenzend. | 6 **s'imbatté:** pass. rem. von *imbạttersi in qu*: auf jdn. treffen. | 7 **altezzoso/a:** hochmütig. | 8 **affacciarsi:** sich zeigen. | **goffamente** (avv.): plump, tollpatschig. | **la cinta:** Zaun, Ringmauer. | 12 **sciorinare:** zur Schau stellen, hier: angeben, prahlen. | **l'abissino:** Abessinierkatze. | 12 f. **il blu di Russia:** Russisch Blau (Katze). | 13 **il persiano:** hier: Perserkatze. | 14 **vabbè:** in Ordnung.

l'avesse assai deluso: «Ahhh, ho capito. Tu sei uno di quelli». E sbadigliando aristocraticamente fece per andarsene.

«Come uno di quelli? Dove vai?» protestò il gattino. «Cosa vuol dire razza? Io sono come voi. Tu di che razza sei?»

A questo punto s'intromise Pino, più giovane del fratello e più alla mano. «Scusalo, sai. Fa così con tutti. Sembra spocchioso, ma in realtà è buono. Adesso te lo spiego io. Noi siamo cani di razza. Cioè siamo perfetti, bellissimi, puri. Gli umani ci comprano nei migliori allevamenti. Gino, qui, se la tira tanto perché a differenza di me, che sono arrivato dopo e sono tutto sommato uno normale, ha un pedigree lunghissimo. Ha vinto anche tre premi a un concorso di bellezza.»

«Il pedigree? E che cos'è?»

«È un foglio. Attesta che siamo di sangue blu. I concorsi di bellezza ci sono anche per gatti, sai. Anni fa non si vedevano in giro tanti mici di allevamento. Poi la gente è impazzita. Oggi i gatti si vogliono di

2 **aristocraticamente** (avv.): vornehm, aristokratisch. | 7 **s'intromise:** pass. rem. von *intromẹttersi* (*intromesso*): sich einmischen. | 8 **alla mano:** umgänglich. | 9 **spocchioso/a:** hochmütig. | 12 **tirarsela** (fam.): sich wichtig machen, sich aufblasen. | 18 **attestare:** bezeugen, bescheinigen.

razza, proprio come i cani. Selezionati e comprati a caro prezzo, come prodotti di marca.»

Il gattino continuava a non capire. «Ma comprati come si compra la mia pappa? Il mio trasportino?»

«Ecco, sì. Con la differenza che noi costiamo molto più di un trasportino.»

Il gattino rifletteva, il cane continuò: «Guarda, non fraintendermi, non è che i nostri umani non ci amino. Ci danno il cibo migliore, ci spazzolano sempre, al primo starnuto ci portano dal medico. Siamo i loro amici, i loro compagni. Ma per molti di loro gli animali sono anche dei trofei. Devono essere bellissimi e speciali. Altri, per ignoranza, hanno paura dei cani e gatti dei rifugi, o della strada: pensano che portino malattie, che non stiano bene. Non sanno che lì possono trovare il cane o il gatto che desiderano».

«Ma io *sono* bellissimo e speciale. Sono disabile, quindi speciale. Lo dice sempre la mia mamma, l'ha detto anche il veterinario.»

Lo schnauzer scoppiò a ridere, non ebbe cuore di correggerlo.

«Certo. Ma quello che volevo dire è che tu non sei … Vabbè, lasciamo perdere. Del resto, con quei

4 **la pappa** (onom.): Brei. | 10 **lo starnuto:** Niesen. | 12 **il trofẹo:** Trophäe. | 14 **il rifugio:** hier: Tierheim. | 20 **ebbe** (pass. rem.): *avere.*

tuoi grandi occhi così gialli vinceresti ogni concorso, ci scommetto. Il punto è che gli umani non si rendono conto che acquistando un animale invece di adottarlo negano una chance di sopravvivenza a un cane o a un gatto dei rifugi. Noi sappiamo di togliere speranza ai fratelli di strada, ma che ci possiamo fare? La selezione, spesso, fa male anche a noi, perché ci rende più deboli. Mio fratello Gino, per esempio, ha già qualche problema di respirazione. Per non parlare delle puppy farm, i "canifici", del traffico illegale di cuccioli dall'Est, incentivati dalle continue richieste. E in certi postacci, tutti quei cani e gatti che non vengono comprati da piccini fanno anche loro una brutta fine.»

«Davvero?» chiese Milo.

«Purtroppo sì. Come per i bambini, gli umani ci preferiscono quando siamo piccoli e teneri: se siamo già cresciuti non è la stessa cosa. E pensa a tutte quelle mamme costrette a sfornare cuccioli a ripetizione, che vedranno solo per poche settimane. Ma sai, Milo, io sono fiducioso. Credo che il sentimento stia cam-

4 **negare:** hier: verweigern. | 9 **la respirazione:** Atmung. | 10 **la puppy farm** (invar.): Welpenfabrik. | **il canificio:** etwa: Hundefabrik. | **il traffico illegale:** illegaler Handel. | 11 **il cucciolo:** Welpe. | **incentivare qc:** etwas fördern. | **continuo/a:** stetig, ständig. | 12 **il postaccio** (spreg. von *il posto*): Dreckloch, übler Ort. | 19 **sfornare qc** (fig.): etwas produzieren.

biando, anche grazie a gatti speciali come te. Prendi il mio umano, Ugo. Quando è stato il mio turno, il pedigree non l'ha voluto. Ha preso il cane che gli stava più simpatico. Se guardi bene, infatti, anch'io non sono perfetto: ho un orecchio più grande dell'altro.»

«Ahahah! L'ho visto, l'ho visto» esclamò il gattino rinfrancato. «È proprio buffo.»

«Vedi? Siamo uguali. Le razze sono un'invenzione dell'uomo. Confido che il nostro prossimo fratello arriverà da un rifugio, oppure dalla strada, come te. La sensibilità animalista non è innata: spesso, si sviluppa col tempo.»

Milo pensò alla propria condizione, alla sua mamma umana, a quanto era stato fortunato.

«Ma quindi io sono un gattino forte?» chiese.

«Certo. Lo sei perché hai la fibra robusta di un gatto di strada che poi è stato salvato. E anche perché sei un tipo giusto. Tu andrai lontano, Milo, te lo dico io.»

7 **rinfrancare:** er-/aufmuntern. | 11 **animalista** (m./f.; agg.): Tierschutz… | **innato/a:** angeboren.

8
L'astice senza una chela

Com'era bella quell'estate in vacanza. Milo adorava stare all'aria aperta, andare in bicicletta con la mamma, nel cestino, e poi fermarsi a guardare il mare. E certo, il bagno non lo poteva fare, ma il nonno gli aveva procurato una tinozza bassa e larga, dove la mamma potesse rinfrescarlo nelle ore più calde. Era una piscinetta personale, e come si divertiva, Milo, con la sua paperella. L'acqua, del resto, gli era sempre piaciuta. Fin da quando, piccolino, aveva visto la ragazza nella doccia e aveva fatto il diavolo a quattro per entrare.

Al mattino, dopo la colazione al Bar del Centro, andavano a fare la spesa. I pescetti che gli comprava il nonno al porto, conditi con il salmoriglio, e quanta frutta. Milo, in particolare, si era appassionato ai fichi, così dolci. Lo zio glieli sbucciava e glieli dava a pezzettini, e il gattino mangiava di gusto. Dopo pranzo, andava a riposare con la mamma, e sebbene a Linosa facesse davvero tanto caldo dormivano ab-

2 **la chela:** Schere (bei Krustentieren). | 7 **la tinozza:** Bottich, Wanne. | 9 **la piscinetta** (dim. von *la piscina*): kleiner Pool. | 10 **la paperella:** (dim.): Entchen (*la pạpera:* Ente). | 12 **fare il diạvolo a quattro** (loc.): den wilden Mann spielen. | 16 **il salmoriglio:** sizilianische Marinade.

bracciati stretti stretti, come sempre. «*Mi*cini *mi*cini», come diceva Milo. Perché la notte è dei figli, ma d'estate, per fortuna, lo sono anche molti pomeriggi.

Era sul patio, in braccio alla ragazza, quando improvvisamente, oltre il cancello, si appalesò il mostro più mostruoso che avesse mai visto.

«Il Babau, il Babau!» gridò Milo, che non aveva mai visto una mucca. La ragazza tentò di calmarlo, ma lui si dimenava, iniziò a soffiare e a digrignare i denti, la coda gli si gonfiò a dismisura. Tanto fece, Milo, che a un certo punto cadde in terra. Ma nell'orrore di tutti, invece di andare a nascondersi, corse verso il cancelletto, per andare all'attacco del Babau. Nessuno lo capì, ma lui voleva difendere la mamma.

Tutti partirono all'inseguimento del gattino, ma lui fu più veloce. «Vattene via, Babau, vattene via!» gridò quando le fu vicinissimo. «Miao, miao, miao, miao.» Faceva un gran baccano, finché quella finalmente si voltò. E lo guardò come una mucca può guardare un moscerino fastidioso, con compatimento.

1 **micino/a** (neolog.): hier: Wortspiel aus *micio* + *vicino*. | 5 **appalesare:** offenbaren. | 9 **dimenarsi:** wild um sich schlagen. | **digrignare i denti:** die Zähne fletschen. | 10 **a dismisura:** übermäßig. | 18 **il baccano:** Lärm. | 20 **il compatimento:** Bedauern.

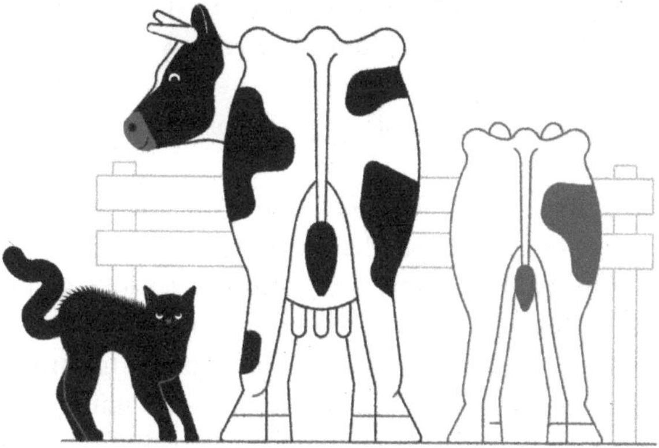

«Aiuto, mamma, aiuto» gridò Milo. Cercò di fare marcia indietro, ma non riusciva a muoversi, paralizzato ormai dalla paura. Fu un attimo. La mucca lo sovrastò con la sua ombra. Il gattino strizzò gli occhi, si vedeva già in poltiglia. Per la paura fece anche la pipì.

E invece il Babau iniziò a parlare. E gli parlò col tono più sconsolato che avesse mai sentito.

«Perché mi attacchi» disse, «non ti faccio pietà? Non sai che noi mucche siamo animali oppressi, che

1f. **fare marcia indietro:** einen Rückzieher machen (*la marcia indietro:* Rückwärtsgang). | 2f. **paralizzato/a:** gelähmt. | 3f. **sovrastare qu/qc:** jdn./etwas überragen. | 5 **in poltiglia** (fam.): im Schlamassel (*la poltiglia:* der Brei). | 9 **oppresso/a:** unterdrückt.

ci rubano il latte destinato ai nostri vitellini, che ci macellano per fare di noi bistecche, il macinato di manzo che mangi pure tu?»

Il gattino, ripresosi dallo spavento, si vergognò moltissimo.

La mucca continuò: «Quando leggi "manzo" sulle tue scatolette, non sai che il manzo è un essere vivente come te? Che siamo noi? Certo, i gatti sono carnivori, lo so. È la natura, e non si può cambiare. Ma davvero, oltre a tutto quello che patisco, mi merito lo scherno? Sai che al negozio di alimentari, giù in paese, vendono carne della linea Mucche Felici? Li chiamano prodotti cruelty-free, ma cruelty-free per chi? Come posso essere felice, io, sapendo che un giorno mi faranno a spezzatino?»

Ora il gattino era profondamente dispiaciuto, si sentiva in colpa.

«Mi scusi, signora mucca. Io non sapevo che lei fosse una mucca. Pensavo che fosse il Babau e ho avuto paura per la mamma.»

«Non ci sono Babau» spiegò pazientemente lei, che

2 **macellare:** schlachten (*il macello:* Schlachthof). | **il macinato:** Hackfleisch. | 4 **riprẹndersi** (*ripreso*): sich erholen. | 7 **la scatoletta** (dim. von *la scatola*): Döschen. | 8 f. **il/la carnịvoro/a:** Fleischfresser(in). | 10 **patire:** leiden. | 11 **lo scherno**: Spott. | 15 **lo spezzatino:** Gulasch.

non era arrabbiata ma solo frustrata, e sapeva che il gattino non aveva colpa. «Io mi chiamo Arianna. E quello» disse indicando un vitellino che per timidezza si teneva a distanza «è il mio Tobia.»

Il gattino era sinceramente affranto. Non sapeva cosa poteva fare, lui che era solo un micio, ma si augurò che un giorno potesse esserci un mondo con meno violenza e meno ipocrisia. Intanto, voleva farsi perdonare dalla mucca per averla aggredita. Così, passato quel momento di apprensione, un giorno che la mamma era andata al mare e il nonno si era appisolato sul divano, pensò di farle visita.

L'impresa avrebbe spaventato chiunque, ma Milo era determinato. Un, due, tre, rotolò giù per gli scalini.

«Ahi ahi. Certo che le sterpaglie pungono» si lamentò, ma non si lasciò scoraggiare. Una volta arrivato al cancello, si accorse che non sapeva proprio dove abitasse la mucca. Così decise di andare nella direzione dalla quale era venuta.

Ma si sa, a vanificare le migliori intenzioni basta

5 **affranto/a:** niedergeschlagen, erschöpft. | - **aggredire qu:** jdn. angreifen. | 10 **l'apprensione** (f.): Sorge. | 11 f. **appisolarsi:** einnicken. | 13 **l'impresa:** hier: Unterfangen. | 16 **la sterpaglia:** Gestrüpp. | 21 **vanificare qc:** etwas vereiteln.

poco. Ecco che, alla prima curva, attratto da un odorino irresistibile di pesce, il gattino virò a destra, verso il porticciolo. E si trovò davanti a una piccola pescheria con ristorante, l'unico dell'isola.

«Ah, che profumo, che bontà …» disse il gattino, leccandosi i baffi. E certo, la mamma gli aveva raccomandato di non accettare cibo dagli sconosciuti, ma quell'odorino era davvero irresistibile, e poi figurati se in una piccola isola ci sono polpette avvelenate. «La mamma si preoccupa sempre troppo» sentenziò baldanzoso, e proseguì verso il bancone.

«Miao, miao» disse per attirare l'attenzione del pescivendolo. «Anch'io, anch'io.»

«E tu da dove spunti?» chiese lui. «Non vorrai rubarmi il pesce?» Presto si accorse che il gattino era malfermo sulle zampe, e non sarebbe stato certo un pericolo per il suo pescato. Così, mosso a tenerezza,

2 **irresistibile** (agg.): unwiderstehlich. | **virare:** abdrehen. | 3 **porticciolo** (dim. von *il porto*): kleiner Hafen. | 5 **la bontà** (invar.): Güte, Gutmütigkeit; hier: Leckerbissen. | 7 **leccarsi i baffi** (loc.): sich die Lippen lecken (*i baffi:* Schnurrbart). | 9 **la polpetta:** Frikadelle, Fleischklößchen. | 11 **sentenziare:** ein Urteil fällen, eine Meinung äußern. | **baldanzoso/a:** anmaßend, forsch. | 11 f. **il bancone:** (Laden-)Theke, Ladentisch. | 15 **da dove spunti:** hier: wo kommst du denn her. | 18 **la tenerezza:** Zartheit, Zärtlichkeit.

gli lanciò un pezzetto di triglia. E poi un altro. E un altro ancora.

Milo divorò tutto alacremente. Quando fu sazio, guardando verso il mare fu attirato da una creatura molto buffa. Tra gli scogli, in una sorta di piscina naturale, c'era un astice. Un astice blu, piuttosto grosso, cui mancava una chela. Un astice disabile. Che si muoveva come in una danza, e a volte cadeva di lato.

Il gattino non credeva ai propri occhi. Un astice speciale, proprio come lui. Curiosissimo, volle sapere tutto. Com'è che l'animale non aveva più la chela? Era nato così? L'aveva persa come il gatto Timone aveva perso l'occhio, litigando con altri astici per il cuore di una bella asticella?

Il crostaceo, che si chiamava Cagliostro, acconsentì a raccontargli la sua storia.

Era stato pescato proprio da quell'uomo molti mesi prima, quand'era un astice giovane e aitante. E presto, ahinoi, dopo un breve periodo in un acquario

1 **la triglia:** Seebarbe. | 3 **divorare qc:** etwas verschlingen. | **alacremente** (avv.): eifrig. | **sazio/a:** satt. | 10 **volle** (pass. rem.): *volere.* | 14 **l'asticella:** Messlatte, Sprunglatte; hier: Wortspiel mit einer vermeintlichen, aber nicht existierenden weiblichen Form von *astice.* | 15 **il crostaceo:** Krusten-/Krebstier. | **acconsentire:** einwilligen, zustimmen. | 18 **aitante** (agg.): stattlich, rüstig. | 19 **ahinoi** (inter.): ach.

con un'enorme aragosta un po' scontrosa di nome Piluffa, era finito in pentola. Spaghetti all'astice, il piatto più ricercato sul menu. I clienti avevano già l'acquolina.

L'acqua bolliva, l'astice si sentiva bruciare. Disperato per il dolore insopportabile ma determinato a sopravvivere, decise di lanciarsi fuori dalla pentola. Che era bassa, per fortuna, e ci riuscì, ma purtroppo una delle sue chele rimase impigliata. Provò e riprovò a districarsi, l'astice, ma l'acqua saliva, e la chela bruciava. Allora prese una decisione. «Meglio vivere senza un arto che morire.» E con un colpo secco della chela già in salvo amputò l'altra.

1 **scontroso/a:** ungesellig, mürrisch. | 9 **rimanere impigliato:** sich verfangen. | 10 **districarsi da qc:** sich aus etwas herauswinden. | 12 **l'arto:** Körperglied, Gliedmaße. | 13 **amputare:** amputieren, kürzen.

Fu un gesto coraggioso e tragico, ma non c'era tempo per piangersi addosso. L'astice doveva fuggire. Il pescivendolo, che aveva assistito alla scena senza credere a quello che vedeva, decise, commosso, di salvargli la vita. E poiché anche stare in un acquario sarebbe stata una sofferenza ingiusta per un astice, gli costruì una piccola piscina tra le rocce, deviando il corso dell'acqua con alcune pietre.

Il gattino non aveva mai sentito di tanto coraggio.

«Ma ti fa male?» chiese indicando l'arto mozzo.

«No, per niente» disse Cagliostro. «Anche se a volte sento ancora la mia chela. Sai, mi prude.»

«Come ti prude? Ma se non c'è più» scoppiò a ridere Milo.

«Sì, anzi, mi prude proprio adesso. Non è che potresti darmi una grattatina? Ti prego, sto impazzendo.»

Milo rise a quella richiesta un po' paradossale, ma acconsentì e finse di grattargli la chela. Che coppia facevano a guardarli, pensò il pescivendolo: il gattino che non sapeva saltare e l'astice senza una chela. Di-

7 **deviare qc:** etwas umleiten. | 10 **mozzo/a:** abgeschnitten, abgeschlagen. | 12 **prudire:** jucken. | 16 **dare una grattatina** (dim.) **a qu:** jdn. kratzen (*darsi una grattata:* sich kratzen). | 18 **paradossale** (agg.): paradox. | 19 **finse:** pass. rem. von *fingere:* so tun als ob.

sabili e speciali. Pensò che gli occhi degli animali sono innocenti come quelli dei bambini: non colgono la diversità perché non hanno pregiudizi. Pensò che gli animali, come i bimbi, guardano il mondo con occhi puliti. E che la diversità è tutta nella testa degli adulti.

2 **cọgliere** (*colto*) (fig.): hier: begreifen, wahrnehmen. |
3 **la diversità** (invar.): Verschiedenheit, Unterschied.

9
Un fratellino come me

A casa, intanto, erano tutti disperati. Milo non si trovava, l'avevano cercato dappertutto.

La ragazza piangeva e si sentiva in colpa. «Non dovevo andare al mare, non dovevo.» E anche il nonno era terribilmente dispiaciuto di essersi addormentato. Ma non c'era tempo per piangere: dovevano cercarlo.

Chiesero a tutti i vicini, compresi Pino e Gino, ma del gattino neanche l'ombra. Così decisero di dividersi nelle ricerche. Davanti al cancello, la ragazza corse verso il faro, il padre andò a sinistra, in direzione del paese, il fratello a destra, verso la campagna.

La ragazza era angosciata. Come succede alle mamme con i figli, quando li perdono di vista o loro si allontanano – in spiaggia, per strada o al supermercato. Scorgi un bambino, stessi capelli, stessa altezza, dici: «È lui». Gli corri dietro piena di speranza, di certezza, solo che l'hai scambiato per un altro.

La ragazza correva disperata per Linosa e le sembrava di riconoscere il suo Milo in ogni gatto. Temette il

10 **neanche l'ombra:** etwa: keine Spur. | 17 **scọrgere** (*scorto*) **qu/qc:** jdn./etwas erblicken. | 18 **la certezza:** Gewissheit, Bestimmtheit.

peggio: che fosse stato investito da un trattore, punto da un calabrone, avvelenato da un boccone killer o da una pianta che aveva addentato per la fame.

Intanto, sulla spiaggia, stava già tramontando il sole. Il gattino si rese conto che era tardi e che doveva andare. Salutò Cagliostro, divorò un ultimo pezzettino di triglia che il pescivendolo gli offrì, e s'incamminò. Pensò di tornare a casa, presto avrebbe fatto buio, ma si disse che la mucca e il vitellino non potevano essere lontani. Dopotutto quella era una piccola isola. E poi Tobia era così carino. Voleva proprio fare amicizia con lui.

Camminò e camminò tantissimo, Milo, mentre tutto intorno a lui si faceva più scuro. Possibile che ancora non fosse arrivato? Gli sembrava di aver fatto il giro dell'isola tre volte. Si mise a piangere, capì di essersi perso, di non sapere come tornare indietro. Voleva solo volare tra le braccia della mamma, sentirsi al sicuro. Decise che, per quel che ci vedeva, avrebbe fatto la strada a ritroso.

A un certo punto, in lontananza, gli sembrò di scorgere qualcosa. Era troppo piccolo per essere la mucca Arianna: che fosse invece il vitellino Tobia,

1 **investire qu:** jdn. an-/überfahren. | 2 **il calabrone:** Hornisse. | **il boccone killer:** Giftköder. | 3 **addentare qc:** in etwas hineinbeißen. | 20 **a ritroso:** rückwärts.

sdraiato a riposare? Milo sperò tanto che fosse un muso conosciuto. Qualcuno che gli desse coraggio.

Ma non era Tobia. Era una grossa palla di pelo nero. Come un covone malfatto, però nero.

Il gattino si avvicinò, con titubanza.

No, no, non era affatto una palla di pelo. Era un gattone. Un gatto nero come lui, con sfumature rossicce sull'addome, che stava riposando in quell'inizio di sera.

Lo osservò meglio. Era parecchio più grande di lui, col pelo ben più lungo, seppure spelacchiato, e gli occhi turchesi mezzi chiusi. Doveva essere stato un gatto bellissimo, ma adesso era tutto sporco e pieno di pulci. Sembrava vecchio, e stanco.

A un certo punto il gatto si mosse.

«E tu come ti chiami?» chiese Milo.

Quello fece un rumore stranissimo, sbattendo i denti in un modo che il gattino non aveva mai visto.

Sembrava un gioco, ma non lo era.

Poi finalmente il gatto rispose.

«Mi chiamo Vvv … Valentino.»

«Che bel nome. E perché fai così?»

«Ho una cosa che si chiama bbb … balbuzie.»

4 **il covone:** Heugarbe. | **malfatto/a:** schlecht gemacht, gebaut. | 5 **la titubanza:** Zögern, Unschlüssigkeit. | 8 **l'addome** (m.): Unterleib. | 23 **la balbụzie** (invar.): Stottern.

«Balbuche?»

«Ball ...l ... buuu ... zzzie!»

«E come mai sei qui da solo? Che è successo? Non hai una mamma o un papà?»

«Sss ... Sono stato abbandonato taaa ... tanto tempo fa in Sicilia, dopo esser stato adottato da cucucu ... cucciolo. Avevo una mamma e anche un papà, mi dicevano che ero molto bbb ... bello. Presto, però, ho capito che mi avevano prrr ... preso solo per fff ... fotografarmi, perché il gaaa ... gatto nero era di moda. Foto in cococo ... continuazione: di qua, di là, mettiti giù, mettiti in piedi. Per postarle su Iii ... Instagram. Io ero molto stressato, ho cominciato a perdere il ppp ... pelo. In più si laaa ... lamentavano che non venivo bene nelle foto, che spesso non mi si distingueva dallo sfff ... sfondo. Che ero troppo scuro, troppo nero. Mi riri ... rimproveravano sempre. E un giorno mi hanno portato al gattile e hanno adottato un altro gaa ... gatto, dicendo: "Qualsiasi colore, tranne il nene ... nero". Presto ho sviluppato questa cococo ... condizione.»

Milo, a sentire quel racconto, si spaventò moltissimo. Gli occhi gli si riempirono di lacrime. Ma Valentino continuò.

13 **stressato/a:** gestresst. | 16 **lo sfondo:** Hintergrund. | 18 **il gattile:** Tierheim für Katzen.

«Non ero solo, nel rifuuu … gio. Quasi tutti gli altri gatti erano nenene … neri come me, abbandonati per lo stesso motivo. Sara, la rerere … sponsabile, diceva che trovarci casa era diventato imp … imp … impossibile. Una tv ha traaa … trasmesso un servizio su di noi, sperando di farci ado … dottare, ma non è servito a niente. Poco dopo il ggg … gattile è stato chiuso, Sara si è ammalata, e ci hanno portati qui. Vedi, Mmm … Milo, tu sei stato fortunato» continuò Valentino. «Ma per noi ggg … gatti neri non c'è pace. Vittime per secoli della susussu … perstizione, dal Medioevo dove ci bruciavano vivi nelle feste popo … popolari perché ci credevano amici delle streghe, oggi dobbiamo vedercela con Iii … Instagram. Un pr … pregiudizio forse meno violento, ma non meno cru … crudele. I gatti sono i principi di Internet, ma dobbiamo esser fofo … fotogenici. Non è solo il coco … colore: se abbiamo la fff … faccia troppo tonda non va bene, il naso dev'essere a punta. Ci vogliono ppp … perfetti.»

Ancora quella parola, perfetti. Milo sapeva fin troppo bene cosa volesse dire.

«Ma senti, Valentino» disse, determinato a tirarlo su. «Questa tua malattia … Come si chiama, ba … ba …»

13 **la strega:** Hexe. | 17 **fotogẹnico/a:** fotogen.

«Balbuzzzie!»

«Giusto. Ma sai che io ho una sindrome che si chiama ipoplasia? Saranno mica della stessa famiglia?»

Valentino scoppiò a ridere, e anche Milo rise.

«Non so» disse il gattone. «Tu dimmi che sisi ... sintomi hai, e io ti dirò chi sei.»

Milo gli spiegò che non sapeva saltare, che cadeva da fermo, correva a zig-zag. E mentre gli spiegava gli venne un'illuminazione. Certo che poteva fare qualche cosa per quel gattone così solo e triste. Poteva portarlo con sé! Di sicuro la sua mamma, che era così buona, non l'avrebbe lasciato. E così lui avrebbe finalmente avuto un fratellino.

La gioia di Milo fu contagiosa, e i due gatti si rotolarono nell'erba, abbracciandosi e leccandosi, e quasi riconoscendosi.

«Vieni con me, Valentino. La mamma adotterà anche te, ne sono certo. E poi sai: per lei nero è perfetto, ha la casa tutta bianca.»

Quello rise di cuore.

«Però devi venire adesso. Io devo tornare a casa. A proposito, tu la sai la strada per tornare a casa mia?»

Valentino ci pensò. Dopo quella bruttissima esperienza dubitava che, ridotto così male, qualcuno l'a-

8 f. **gli venne un'illuminazione** (loc.): etwa: ihm ging ein Licht auf.

vrebbe preso con sé. Ma voleva aiutare quel bravo gattino a ritrovare la sua mamma, e decise che l'avrebbe accompagnato.

Fu lei la prima a vederli arrivare, e inizialmente credette di vederci doppio. Invece era proprio lui. Era il suo piccolino.

«Perdono, cucciolo mio, perdono» gli disse correndogli incontro e stringendolo così forte a sé che quasi lo stritolava.

«Mamma, tu perdono, tu. Volevo andare a trovare il vitellino Tobia, mi sono perso. Non ho pensato che avrei potuto darti un dispiacere, che ti avrei fatta preoccupare … Ma adesso non ti lascio più, prometto.»

9 **stritolare qu:** jdn. zermalmen.

«Ti voglio tanto bene, amore mio» gli disse lei piangendo. «Temevo di averti perso per sempre. Non so cosa farei senza di te.»

Anche lo zio e il nonno piangevano, di tenerezza, di sollievo e di tutta la tensione accumulata. Era una scena bellissima.

E quando furono tutti più sereni, il gattino spiegò com'era andata. Presentò alla mamma Valentino, che fu ovviamente accolto come un secondo figlio, le raccontò di tutti gli altri amici. Di Giulia, Virgilio, Pierino detto G-Attila.

E la ragazza capì. Capì che i figli bisogna proteggerli, ma anche lasciarli andare. Che se si rompono, pazienza, si riattaccano. Capì che quel suo gattino era un supereroe. Non solo aveva superato le sue difficoltà e le sue paure, ma era riuscito ad aiutare un micio meno fortunato, e chissà quante altre creature, mentre lei non c'era. Era determinato a diventare amico del mondo, a vivere in armonia con la natura. Era una grande lezione.

Presto, sull'isola, si sparse la voce dell'impresa di quel gattino disabile. Tutti ne furono colpiti, e più

5 **accumulare qc:** etwas anhäufen. | 13 **rọmpersi** (*rotto*): hier: sich entfernen. | 14 **riattaccarsi:** sich wieder annähern. | 21 **si sparse** (pass. rem.) **la voce:** die Neuigkeit verbreitete sich.

degli altri il fattore, quello della mucca Arianna e del vitellino Tobia. Che decise, per premiare il coraggio di Milo, che li avrebbe risparmiati. Niente più macello, niente bistecche o spezzatino: Arianna e Tobia avrebbero potuto vivere insieme per sempre, felici per davvero, almeno loro. Il gattino era estasiato, e Arianna così riconoscente che con una leccata praticamente lo lavò. Non poteva finire in un modo migliore.

Quell'autunno, dopo il ritorno a casa, niente più appartamento, scale o altre barriere architettoniche. Milo, la mamma e Valentino si trasferirono in periferia, tra la campagna e il mare. Con tanto spazio per giocare e tanti nuovi amici, con mille piedi o con le ali. Presto sarebbe arrivato anche Virgilio. E ogni volta che la mamma sarebbe partita lo avrebbe portato con sé a vedere il mondo. Ma questa è un'altra storia.

1 **il/la fattore/a:** Gutsverwalter(in). | 6 **estasiato/a:** begeistert.

Ringraziamenti

Questo libro è in parte la mia storia con Milo e altri animali, in parte opera di fantasia a volte ispirata da fatti di cronaca. Ma non sarebbe stato possibile senza il contributo di tante persone che mi sono state vicine. Mia madre, che mi ha trasmesso l'amore per gli animali e per la scrittura, e la coscienza animalista. Mio padre, che mi ha dato la possibilità di studiare negli Stati Uniti e perseguire la carriera che desideravo. Mio fratello, il mio primo lettore e il ragazzo che ha trovato Milo, sotto un temporale, cinque anni e mezzo fa. Michela Mantovan del *Corriere della Sera*, che alcuni mesi fa mi ha chiesto di trasformare i raccontini social sul mio gatto nella rubrica *Io e Milo* di Corriere.it. Cristina Taglietti de «la Lettura» del *Corriere della Sera*, che mi ha indirizzata verso il genere narrativo e la casa editrice più adatti. Luigi Brioschi, l'editore, che ha creduto in me e nelle potenzialità della storia di Milo. E ancora: Cinzia Cappelli, mia preziosa editor; Paola Avigdor, capo ufficio

4 **fatti di crọnaca:** aktuelle Ereignisse. | 14 **il raccontino** (dim. von *il racconto*): kleine Erzählung. | 16 **indirizzare qu:** jdn. leiten. | 17 **il gẹnere narrativo:** Erzählgenre. | **la casa editrice:** Verlagshaus. | 18 **l'editore / l'editrice:** Herausgeber(in). | 18 f. **la potenzialità** (invar.): Potential. | 20 f. **l'ufficio stampa:** Pressebüro.

stampa tenace come pochi; Francesca Mignemi, libraia sopraffina, prodiga di tempo e di consigli; Gianluca Felicetti, presidente della LAV, per la consulenza in materia di norme sulla tutela degli animali. Tutte le persone che mi hanno raccontato le loro storie di animali, e in particolare Anna Mannucci, Andrea Marcolongo, Mimosa Martini, Alessandra Perrazzelli e Maura Radaelli. E tutti coloro che di animali si occupano, sia a livello istituzionale, come l'ENPA e la LeIDAA, sia nel quotidiano domestico. Ringrazio gli animali della mia vita: Dick, Killy, Garibaldi, Roy, Argo, Miao, Lara, Stella, Tigretto, Elga, Hermann, Bella, Pucci, Pesta, Martuzzo, Taz, Grecia, Pino, la cornacchia Pietro e il gabbiano Virgilio. E soprattutto Milo, il mio bimbo peloso. Tanti, su Twitter, mi hanno scritto che i racconti social su Milo scandiscono la loro quotidianità, che è bello, in un mondo sempre più buio, tornare a casa e leggere le avventure di un

1f. **il/la libraio/a:** Buchhändler(in). | 2 **sopraffino/a:** superfein. | **prọdigo/a:** verschwenderisch. | 3 **LAV** (acron.): *Lega **A**nti **V**ivisezione:* italienische Tierschutzorganisation. | 3f. **la consulenza:** Beratung. | 4 **la norma:** Vorschrift, Norm, Bestimmung. | **la tutela degli animali:** Tierschutz. | 9 **l'ENPA** (acron.): ***E**nte **N**azionale **P**rotezione **A**nimali:* nationale Stelle für Tierschutz. | 10 **LeIDAA** (acron.): *La **Le**ga **I**taliana **D**ifesa **A**nimali e **A**mbiente:* Tier- und Umweltschutzverein. | 16 **scandire:** skandieren. | 17 **la quotidianità** (invar.): Alltag.

micetto che con la sua tenacia dà speranza. Che in questi cinque anni io e Milo siamo diventati di famiglia.

Costanza Rizzacasa d'Orsogna
14 agosto 2018

1 **la tenacia:** Zähigkeit.

Nota biografica

Costanza Rizzacasa d'Orsogna è scrittrice, giornalista e saggista. Scrive di cultura sul *Corriere della Sera*, primo quotidiano italiano per diffusione, e tiene sul settimanale *F* la rubrica delle lettere sulla diversità «Anti.Corpi». Nel 2018, con il libro *Storia di Milo, il gatto che non sapeva saltare*, preceduto dalla fortunata rubrica «Io e Milo» del Corriere e tradotto in varie lingue, ha inaugurato la serie di favole per tutte le età ispirata al suo gattino diversamente abile, pubblicata per Guanda nella collana Le Gabbianelle, cui hanno fatto seguito nel 2021 *Storia di Milo, il gatto che andò al Polo Sud* e nel 2023 *Storia di Milo, il gatto che salvò Plutone*. Ha inoltre pubblicato, sempre con Guanda, il romanzo sui disturbi alimentari e il perfezionismo *Non superare le dosi consigliate* (2020), diventato una pièce teatrale ancora in tournée per l'Italia, e con Laterza il saggio *Scorrettissimi*, sulla cancel culture e la censura in America (2022), temi di cui si è occupata per un decennio dopo aver vissuto negli Stati Uniti per oltre 12 anni. Oggi vive a Roma nel ricordo del suo Milo, mancato a marzo 2024.

Twitter @CostanzaRdO | Instagram @costanzardo

3 **il/la saggista:** Essayist(in). | 4 **per diffusione:** gemessen an der Auflage. | 9 **inaugurare qc:** etwas einweihen. | 11 **la collana:** hier: Buchreihe. | 22 **mancare:** hier (fig.): sterben.

Editorische Notiz

Der italienische Text folgt der Ausgabe: Costanza Rizzacasa d'Orsogna, *Storia di Milo, il gatto che non sapeva saltare*, Mailand: Gruppo editoriale Mauri Spagnol, 2018.

Das Glossar enthält alle Wörter, die nicht im *Thematischen Grund- und Aufbauwortschatz Italienisch* von Luciana Feinler-Torriani und Gunter H. Klemm (Stuttgart: Klett, 2010) verzeichnet sind. Dabei wird der Grundwortschatz in der Regel als bekannt vorausgesetzt; Wörter, die zum Aufbauwortschatz gehören, werden bei Bedarf erklärt. Ihre Betonung ist durch einen Punkt unter dem betreffenden Vokal angegeben, wenn nicht, wie gewohnt, auf der zweitletzten Silbe betont wird (*tọgliere, lo stạbile*) oder wenn das Wort nicht ohnehin einen geschriebenen Akzent trägt (*la diversità, vabbè*), der die Betonung regelt. Ist von zwei Endvokalen einer betont, so wird dies ebenfalls hervorgehoben (*la pescherịa, il trofẹo*). Dagegen erhalten Wörter mit zwei unbetonten Endvokalen in der Regel keine besondere Kennzeichnung (*la cornacchia, il crostaceo*). Genusangaben bei Substantiven erfolgen nur, wenn Artikel und Endung keine Klarheit schaffen (*l'affezione* [f.], *l'addome* [m.]). Verben im *passato remoto* sind im Glossar verzeichnet, wenn es sich dabei um unregelmäßige Formen handelt.

Italienische Abkürzungen

acron.	acronimo (Akronym; Abkürzung, die aus Anfangsbuchstaben gebildet wird)
agg.	aggettivo (Adjektiv, Eigenschaftswort)
avv.	avverbio (Adverb, Umstandswort)
dim.	diminutivo (Verkleinerungsform)
f.	femminile (weiblich)
fam.	familiare (familiär, umgangssprachlich, gesprochene Sprache)

fig.	figurato (übertragene Bedeutung)
invar.	invariabile (unveränderlich)
inter.	interiezione (Einwurf, der Empfinden zum Ausdruck bringt)
m.	maschile (männlich)
neolog.	neologismo (Neologismus, Wortneuschöpfung)
loc.	locuzione (Redewendung)
onom.	onomatopea (Lautmalerei)
pass. rem.	passato remoto (Vergangenheitsform ohne Gegenwartsbezug)
qc	qualcosa (etwas)
qu	qualcuno (jemand)
spreg.	spregiativo (abwertend)

Literaturhinweise

Werke von Costanza Rizzacasa d'Orsogna

Storia di Milo, il gatto che non sapeva saltare. Mailand 2018.
Non superare le dosi consigliate. Mailand 2020.
Storia di Milo, il gatto che andò al Polo Sud. Mailand 2021.
Scorrettissimi. La cancel culture nella cultura Americana. Rom 2022.
Storia di Milo, il gatto che salvò Plutone. Mailand 2023.

Weiterführende Literatur und Internetseiten

Costanza Rizzacasa d'Orsogna – Oggi è un altro giorno 16/09/2021. (Stand: 10. April 2024; Dauer: 00:17:56). [Mini-Dokumentation und Interview u. a. über den echten Kater Milo.]

Riera, Enrica: Combattiamolo davvero insieme – Intervista a Costanza Rizzacasa d'Orsogna sul bullismo. In: L'Osservatore Romano. 1. Dezember 2020. https://www.osservatoreromano.va/it/news/2020-12/quo-278/combattiamolo-davvero-insieme.html (Stand: 10. April 2024).

Rizzacasa d'Orsogna, Costanza: Royalgattin principino corraggioso. In: Corriere della Sera. 18. Februar 2013. https://www.corriere.it/animali/18_febbraio_13/io-milo-royalgattin-4aefa1e4-10c7-11e8-ae74-6fc70a32f18b.shtml (Stand: 10. April 2024).

Rizzacasa d'Orsogna, Costanza: Intervista a Milo, il gatto che non sapeva saltare. In: io Donna. 19. Oktober 2018. https://www.iodonna.it/spettacoli/libri/2018/10/19/

intervista-a-milo-il-gatto-che-non-sapeva-saltare/ (Stand: 10. April 2024).

Wanning, Berbeli: Posthuman von Anfang an? Wie Tiergeschichten für Kinder das anthropozentrische Weltbild prägen. In: PhiN Beiheft (2016). Nr. 10. S. 89–103. https://web.fu-berlin.de/phin/beiheft10/b10i.htm (Stand: 10. April 2024).

Nachwort

Der französische Schriftsteller Max O'Rell sagte einst: »Ob eine schwarze Katze Glück oder Unglück bringt, hängt davon ab, ob man ein Mensch ist oder eine Maus.«

Eine Begegnung mit »Milo, il gatto che non sapeva saltare« hingegen erweist sich vorbehaltlos als Glücksfall für Mensch, Maus und jedes andere Lebewesen. Costanza Rizzacasa d'Orsognas putziger kleiner schwarzer Kater würde nämlich keiner Fliege etwas zuleide tun.

Dass er besonders ist, wird Milo schon früh bewusst. Seine Katzenmutter nennt ihn »un gatto speciale«, und als der Tierarzt bei ihm eine Behinderung namens Kleinhirnhypoplasie diagnostiziert, lässt sich das tapsige Tier, das Schwierigkeiten hat zu springen und wackelig im Zickzack läuft, davon nicht irritieren. Die positive Bestätigung und der Rückhalt seiner Menschenmutter helfen ihm dabei:

> Erano queste le parole che lo definivano, disabile e nero? Gli sembrò come una condanna. "Perché parlano tutti di me come fossi diverso?" pianse dentro di sé. "Io non mi sento diverso." Pensò alla mamma che gli diceva sempre quant'era speciale, alla ragazza che non finiva di ripetergli: "Come sei

bello. Sei bellissimo!" Sperò che disabile volesse dire proprio quello: bellissimo e speciale. (S. 27)

Dabei steht Milos Schicksal zunächst wahrlich unter keinem guten Stern. Er wird in einer stürmischen Nacht auf der Straße geboren, verliert früh seine Mutter und zu allem Überfluss betrachten ihn abergläubischen Menschen wegen seiner pechschwarzen Fellfarbe, »nero come pece« (S. 9), als Unglücksbringer.

Doch sein Schicksal wendet sich schon bald zum Besseren, als er von seiner liebevollen Menschenmutter aufgenommen wird. Im Verlauf der Geschichte lernt der kleine Kater sowohl, mit seinem Handicap umzugehen als auch, in zahlreichen Begegnungen mit anderen Tieren, wichtige Lektionen über das Leben. Die stets hungrige Möwe Virgilio etwa versucht, ihm nicht nur das Springen beizubringen, sondern enthüllt ihm auch das Geheimnis des Zusammenlebens von Tieren und Menschen: »Perché vedi, Milo, noi animali impariamo a vivere nelle città degli uomini: li osserviamo e ci adeguiamo.« (S. 41)

Hinter dieser Anpassungsfähigkeit steckt aber auch eine Kritik an uns Menschen bzw. unserem Umgang mit der Natur und ihren Lebewesen. Früher nämlich, als die Überfischung der Meere noch nicht so weit fortgeschritten war und Möwen dort noch

Der echte Kater Milo, © privat

genug Futter fanden, hätten sie niemals ihren Lebensmittelpunkt in die Städte verlagern müssen.

Auch Begegnungen mit dem Skorpion Pierino Scorpioncino und der Igelin Giulia zeigen unserem drolligen Helden, dass sein Leben als umsorgtes Hauskätzchen äußerst angenehm und gefahrenfrei ist – im Gegensatz zu dem wildlebender Tiere, die dem Menschen egal sind oder gar lästig fallen. Dieser Speziesismus – so werden Skorpione als Ungeziefer betrachtet und Igel einfach überfahren, Katzen aber liebgehabt – ist eine zentrale Botschaft, die noch einmal unterstreicht, was Schrifstellerin und Journalistin Rizzacasa d'Orsogna so wichtig ist: Gleichberechtigung und Gleichbehandlung.

Costanza Rizzacasa d'Orsogna hat mit Milo einen liebenswerten Helden erschaffen, den Kinder und Erwachsene gleichermaßen wegen seiner *imperfezione* in ihr Herz schließen werden. Tatsächlich ist der tapsige Kater nicht nur eine Fantasiefigur Rizzacasa d'Orsognas, sondern war ihr treuer Begleiter bis zu seinem Tod im März 2024. Wie sein literarisches Alter Ego war auch der echte Milo eine Findelkatze mit Handicap. Die Autorin berichtet in einem Interview, dass Milo ihre erste Katze war, und sie sich aus seiner Andersartigkeit zunächst überhaupt nicht viel machte. Erst später erfuhr sie, dass Katzen das Laufen und Springen nicht wie kleine Kinder erlernen müssen, sondern mit diesen Fähigkeiten geboren werden. Doch trotz seiner Einschränkung blieb Milo fröhlich und lebhaft, was für Rizzacasa d'Orsogna eine wunderbare Fügung darstellte.[1]

Über ihr Zusammenleben mit dem kleinen Kater berichtete die Journalistin seit 2018 regelmäßig in einer Kolumne der italienischen Zeitung *Corriere*.[2] Auch Milos Auftritte auf der Plattform X (ehemals Twitter), wo er als @royalgattin – ein Wortspiel mit der Tierfuttermarke Royalcanin – eine große Fangemeinde hat, erzeugten schnell viel Aufmerksamkeit.[3]

Bald schon hatte die Autorin die Idee, den kleinen Star literarisch auf Abenteuerreise gehen zu lassen. Ein nicht ganz perfektes Kätzchen, das sich mutig dem Leben und kleinen Abenteuern stellt und dabei allem Neuen gegenüber aufgeschlossen ist, hat sich als perfekte Identifikationsfigur für Kinder erwiesen, was den großen Erfolg des Buchs in Italien erklärt. Denn wenn ein »gattino come (Milo), trovatello e

1 Vgl. Video auf Youtube: »Costanza Rizzacasa d'Orsogna – Oggi è un altro giorno 16/09/2021«, 4:26 – 4:39, https://www.youtube.com/watch?v=49jX3PvfCxI

2 Vgl. Costanza Rizzacasa d'Orsogna, »Royalgattin principino corraggioso«, in: *Corriere della Sera*, https://www.corriere.it/animali/18_febbraio_13/io-milo-royalgattin-4aefa1e4-10c7-11e8-ae74-6fc70a32f18b.shtml

3 Vgl. »Milo Royalgattin«, in: twitter.com, https://twitter.com/royalgattin?lang=de

disabile, che a causa di una sindrome neurologica cammina a zig zag e non sa saltare, può diventare un principino«[4], dann ist auch für seine kleinen Fans die Welt grenzenlos. Dass Milo Herzen öffnet, sieht Rizzacasa d'Orsogna bei ihren Lesungen an Schulen, wo der kleine Kater regelmäßig Ausgangspunkt für Gespräche mit Kindern zum Thema Mobbing, Rassismus, Behinderung und Migration ist.[5] Aber auch für Erwachsene kann Milo eine perfekt-unperfekte Identifikationsfigur sein:

> Un gattino disabile che credendo in sé stesso ha superato grandi avversità. Un piccolo supereroe monello che possa essere un modello per bambini di ogni età che si sentono diversi. A otto anni come a quarantacinque.[6]

Milo reiht sich damit in eine lange Tradition spre-

4 Costanza Rizzacasa d'Orsogna, »Intervista a Milo, il gatto che non sapeva saltare«, in: *io Donna*, https://www.iodonna.it/spettacoli/libri/2018/10/19/intervista-a-milo-il-gatto-che-non-sapeva-saltare/

5 Vgl. Enrica Riera, »Combattiamolo davvero insieme – Intervista a Costanza Rizzacasa d'Orsogna sul bullismo«, in: *L'Osservatore Romano*, https://www.osservatoreromano.va/it/news/2020-12/quo-278/combattiamolo-davvero-insieme.html

6 Costanza Rizzacasa d'Orsogna, »Royalgattin principino corraggioso« (s. Anm. 2).

chender Tierfiguren ein, die positive Werte an ihre Leserschaft vermitteln. Laut Berbeli Wanning, Professorin für deutsche Sprache und Literatur, erzeugt »die Interaktion mit dem sprechenden Tier […] eine spezifische Offenheit, die Botschaft, welche das Tier mitteilt, wohlwollend anzunehmen.«[7] Wanning führt dies darauf zurück, dass sprechende Tierfiguren trotz ihrer »Unwirklichkeit« einen hohen Glaubwürdigkeitsfaktor besitzen. Ein tierischer Charakter kann die Botschaft gerade deshalb besonders gut vermitteln, weil er nichts von seiner Wesensart aufgeben muss, sondern zusätzlich die menschlichen Fähigkeiten übernehmen kann.[8] Milo wird als Identifikationsfigur also gerade deswegen geschätzt, weil er als niedliches Kätzchen gleichzeitig viele Wesenszüge seiner Leserschaft übernimmt und den Lesern und Leserinnen aufzeigt, dass auch sie aus vermeintlicher Schwäche Stärke erwachsen lassen können.[9]

7 Berbeli Wanning, »Posthuman von Anfang an? Wie Tiergeschichten für Kinder das anthropozentrische Weltbild prägen«, in: *PhiN Beiheft* (2016), Nr. 10, S. 91–103, S. 89, https://web.fu-berlin.de/phin/beiheft10/b10i.htm

8 Vgl. ebd. S. 91 f.

9 Vgl. »Costanza Rizzacasa d'Orsogna al Salone del Libro, ospite allo stand del Corriere della Sera/Corriere Torino«, in: *Corriere della Sera*, 00:07:21–00:08:29, https://video.corriere.it/torino/costanza-rizzacasa-d-orsogna-salone-libro/2ab23c24-300e-11ec-9d51-3a373555935d

Aber nicht erst seit Milo ist Costanza Rizzacasa d'Orsogna als Botschafterin für Empathie und (Selbst-)Akzeptanz bekannt. Diese Themen ziehen sich wie ein roter Faden durch ihre Texte und Bücher.

In ihrem ersten Roman *Non superare le dosi consigliate*[10] thematisiert sie das schwierige Verhältnis der übergewichtigen Protagonistin Matilde zu ihrem Körper. Viele Elemente aus dem Leben von Rizzacasa d'Orsogna spiegeln sich in der literarischen Figur Matildes wider. Die Autorin betont aber, dass die Erzählerin des Buchs nicht mit der literarischen Schöpferin identisch ist.[11] Anhand der Figur der Matilde zeichnet Rizzacasa d'Orsogna allerdings einige der Traumata nach, die sie seit ihrer Kindheit begleiten, wie die Tatsache, dass die bulimische Mutter ihr regelmäßig Abführmittel neben den Teller legte, um sie zum Abnehmen zu bewegen, und auch sonst ihre Ernährung stark reglementierte. So rutschte auch die Tochter in eine Esstörung.[12]

Durch das Buch, ebenso wie durch ihren Artikel

10 Costanza Rizzacasa d'Orsogna, *Non superare le dosi consigliate*, Mailand: Guanda, 2020.

11 Vgl. Costanza Rizzacasa d'Orsogna, »Merito di essere accettata adesso (non per i chili che perderò)«, in: *Vanity Fair*, https://www.vanityfair.it/show/libri/2020/02/16/costanza-rizzacasa-dorsogna-intervista-non-superare-le-dosi-consigliate-libro-fat-shaming

12 Vgl. ebd.

»Storia della mia grassezza« und eine wöchentliche Kolumne über mentale Gesundheit, ist die Autorin eine wichtige italienische Stimme im Kampf gegen Mobbing, Fat Shaming und für Inklusion und Body Positivity geworden. In einem Interview im *L'Osservatore Romano* zeigt sie auf, wie sehr ihr diese Themen am Herzen liegen:

> In ogni caso, ciò che faccio è soprattutto informare. [...] Prendiamo Non superare le dosi consigliate, che parla di dipendenza dal cibo. Bisognerebbe sapere che, in Italia, le persone che soffrono di disturbi alimentari sono più di 3 milioni e che, di questi, 2,3 milioni sono adolescenti e preadolescenti: [...] Poi bisognerebbe pure aprire gli occhi sulla discriminazione conseguente.[13]

In ihrem 2022 erschienenen Buch *Scorrettissimi – La cancel culture nella cultura americana* greift die Autorin ein weiteres hochaktuelles Thema auf, das von Amerika ausgehend inzwischen auch zunehmend in Europa Fuß fasst. Die Autorin setzt sich hier mit dem Phänomen auseinander, dass unterschiedliche Seiten des politischen bzw. ideologischen Spektrums versuchen, alles zu canceln, was inopportun erscheint oder

13 Enrica Riera (s. Anm. 5).

mit dem eigenen Weltbild nicht übereinstimmt. Die Autorin verweist auf Beispiele aus der Literatur, wo Texte aus vergangenen Epochen verändert werden, weil Begriffe im heutigen Kontext als verletzend erachtet werden.[14] Dabei wirft sie die Frage auf, ob wir die Vergangenheit im Lichte unserer heutigen Ansichten beurteilen dürfen und ob große Autoren und Autorinnen weiterhin als solche betrachtet werden dürfen, oder ob eine Neueinordnung notwendig ist, wenn sie aus heutiger Sicht als rassistisch, homophob oder misogyn eingestufte werden: »È giusto giudicare il passato alla luce delle sensibilità odierne? Si può essere razzisti, omofobi, misogini, e contemporaneamente grandi autori?«[15]

Betrachtet man das bisherige Schaffen der Autorin, so erkennt man, dass es ihr gelungen ist, viele Themen, die in den USA bereits seit längerem im Fokus sind, in Italien einem breiteren Publikum näher zu

14 Vito Alberto Lippolis, »Il passato non ha nulla da perdere: gli Scorrettisimi di Costanza Rizzacasa d'Orsogna e la cancel culture nella cultura americana«, in: *boncoluture.it*, https://www.bonculture.it/culture/libri/il-passato-non-ha-nulla-da-perdere-gli-scorrettissimi-di-costanza-rizzacasa-dorsogna-e-la-cancel-culture-nella-cultura-americana/

15 Costanza Rizzacasa d'Orsogna, »Cancelculture: Il politicamente correcto ucciderà la letteratura? Due scrittore (e un saggio) riflettono e rispondono«, in: *Editori Laterza*, https://www.laterza.it/wp-content/uploads/2022/09/rizzacasa_sette.pdf